Guía de cuidados y entrenamiento de gatos

Bruno Fischer

Editorial Anuket

Editorial Anuket
portada: Nicole Miranda (Pixabay)

Contenido

Capítulo 1
Historia del gato doméstico

Comencemos este hermoso viaje para ir descubriendo las asombrosas cualidades de uno de los animales más fascinantes que nos han acompañado durante la evolución social humana: los gatos.

En este libro hablaremos exclusivamente del gato doméstico, su historia, evolución y repasaremos juntos la información más general y precisa sobre él. Realizaremos un pequeño recorrido introductorio de estos adorables animalitos para luego aprender sobre sus rasgos únicos, personalidades, crianza y entrenamiento.

Han vivido con nosotros durante más de 4 mil años y nos acompañan y entretienen, por lo que pasamos horas con ellos.

Pero a pesar de esta larga asociación, muchas personas todavía consideran a los gatos como animales fríos y solitarios que solo pueden tolerar la presencia humana. En general, en comparación con los perros (probablemente debido a las diferencias de comportamiento), los gatos son menos sugestivos y compulsivos que otros animales. Es también por esta razón que científicos, etólogos e incluso psicoanalistas han estudiado su mundo y tratado de comprender sus múltiples aspectos.

En el mundo de los gatos, la caza y la búsqueda de alimento siempre han sido actividades solitarias, y cuando llega la prueba final de supervivencia, conseguir comida, el gato se queda solo. La independencia y la "soledad" del gato son la base de su estilo de caza. Hoy, pensar en gatos trae inmediatamente a la mente al inquilino de cuatro patas durmiendo y roncando en la mejor silla de la casa, o al pícaro y discreto vagabundo escondido en un edificio de la ciudad, al mejor estilo "Don gato y su pandilla".

En el pasado, los gatos jugaron un papel importante en el desarrollo de la civilización occidental y fueron adorados o elogiados por los beneficios que brindaban. La relación con un gato es uno de los vínculos más importantes entre una persona y una mascota. En el pasado, esta relación ha tenido diversas, pero ciertamente importantes consecuencias. La antigua guerra entre gatos y roedores se ha librado durante siglos en silencio, en secreto, a menudo de noche. Los gatos, pequeños cazadores, fueron y son un baluarte contra las ratas y unas 35 enfermedades peligrosas que portan, entre ellas el tifus y la peste bubónica. Con el tiempo, su papel como combatientes de enfermedades y hambrunas ha sido reemplazado en gran medida por la medicina moderna, el saneamiento y la revolución industrial en el almacenamiento y la conservación de alimentos.

El gato en la historia

El gato doméstico es uno de los animales de compañía más populares en todo el mundo, y su relación con los humanos se encuentra en los registros de antiguas civilizaciones. Como hemos citado, estos animales eran valorados por sus habilidades para cazar ratones y otros roedores que dañaban los cultivos, y esta utilidad práctica llevó a que los gatos se adoptaran como animales de compañía y protegidos por los antiguos egipcios.

Nuestros gatos domésticos actuales probablemente evolucionaron a partir del gato salvaje africano, "Felis silvestris lybica". Estos últimos eran comunes en el África norteña y se adaptaron bien a la vida en las granjas y aldeas humanas, desarrollando características distintivas como una mayor docilidad y una tendencia a no aullar.

Los gatos llegaron a Europa a través de las expediciones comerciales y militares, y pronto fueron adoptados como animales de compañía en muchas partes del viejo mundo. Durante la Edad Media, los gatos eran a menudo vistos como animales mágicos y se les atribuían poderes sobrenaturales. Sin embargo, también se les acusó de ser brujos o acompañantes de brujas, por lo que se los persiguió para eliminarlos, principalmente durante la caza de brujas en los siglos XV y XVII.

Con el tiempo, los felinos domésticos evolucionaron en una variedad de razas distintas, cada una con sus propias características de apariencia y personalidad. Algunas de las razas más populares incluyen el Siamese, el Persa, el Bengalí y el Maine Coon.

A medida que los humanos se expandieron a otras partes del planeta, los gatos también viajaron y se adaptaron a nuevos entornos. Algunos fueron introducidos en países como Australia y Nueva

Zelanda para combatir las plagas de roedores, mientras que otros fueron llevados a los distintos rincones del planisferio como animales de compañía.

A lo largo de los siglos, los gatos han sido objeto de culto y adoración en muchas culturas. En la antigua civilización egipcia, los gatos eran considerados sagrados y se les adoraba como dioses. En Japón, los gatos son considerados portadores de buena suerte y se les adora en santuarios dedicados a los felinos. El clásico muñequito de un gato con una manito llamando a los compradores, inunda los escaparates de todo el mundo.

Hoy en día, los gatos son una parte integral de la vida de muchas personas y son apreciados por su compañía, su belleza y su personalidad única

Características comunes

Los gatos domésticos tienen muchas características distintivas que los hacen únicos y adorables.

Son animales territoriales y nocturnos. Es un depredador de pequeños animales, especialmente roedores. Utilizan una variedad de vocalizaciones (más de 16), gruñidos, posturas y feromonas para comunicarse.

Tiene un intelecto tan agudo que puede comprender los mecanismos por sí mismo, como abrir manijas de puertas u otras cerraduras. También puede ser entrenado para responder a comandos simples.

Inteligente y selectivo, este gato tiene una increíble atención a las nuevas situaciones y logra aprender de la experiencia.

Otras características incluyen:

• **Instinto cazador**: Es sabido que los gatos tienen un fuerte instinto cazador y disfrutan de esta actividad y del juego. Esto se debe a su ancestro, el gato salvaje, que dependía de su habilidad para cazar y así sobrevivir.

• **Independencia**: A diferencia de otros animales de compañía, los gatos son conocidos por ser animales independientes y autosuficientes. A menudo disfrutan de su propia compañía y prefieren hacer las cosas a su manera.

• **Afectos selectivos**: Aunque pueden ser muy cariñosos con sus dueños, también son conocidos por ser selectivos a la hora de elegir a quien entregarle su amor. A menudo eligen a una o dos personas para formar un fuerte vínculo y pueden ser reacios a los extraños.

• **Limpieza:** También se los reconoce por su propensión a mantenerse limpios a sí mismos. Se lamen periódicamente y utilizan su lengua para quitar el polvo y la suciedad de su pelaje.

• **Agilidad**: Son animales muy ágiles y pueden saltar, correr y escalar con facilidad. Esto se debe a su cuerpo bien equilibrado y a su habilidad para controlar su cuerpo en el aire.

- **Sonidos:** Estos felinos tienen una amplia gama de vocalizaciones, incluyendo maullidos, ronroneos y gruñidos. Cada vocalización tiene un significado distinto y los dueños de gatos a menudo pueden entender lo que sus mascotas quieren decir a través de estos sonidos.

- **Personalidad**: Cada felino tiene su propia personalidad distintiva. Algunos son juguetones y activos, mientras que otros son más tranquilos y serenos. Los gatos también pueden ser muy curiosos y exploradores, y disfrutan el descubrir nuevos lugares y objetos.

Estas son solo algunas de las características que hacen que los gatos sean animales de compañía tan queridos y adorados. Con su combinación de independencia, afabilidad y personalidad única, es fácil ver por qué los gatos han sido compañeros de los humanos durante su evolución social.

Origen de los nombres de los gatos domésticos

El gato doméstico (Felis catus Linnaeus o Felis silvestris catus Linnaeus) es un mamífero depredador perteneciente a la familia de los felinos. El nombre español "gato", el italiano "gatto" se deriva del latín medieval gattus o latín cattus. A menudo se le llama gato o gatito.

Razas de gatos domésticos

Cerca de cincuenta variedades diferentes están certificadas. Por lo general, los gatos domésticos típicos pertenecen a la raza de gato europea sin certificación ni pedigrí.

El cuerpo del gato

Los gatos son carnívoros. Su cuerpo necesita la taurina (derivada de un aminoácido) que se encuentra en la carne. Los gatos también comen hierba, que es excelente para mejorar la digestión.

La temperatura corporal de un gato oscila entre 38 y 38,5 grados centígrados; la frecuencia respiratoria normal es de 10/20 respiraciones por minuto y la frecuencia cardíaca es de 110/140 pulsaciones por minuto. Su cuerpo es muy móvil, flexible y fuerte, lo que le permite caminar tranquilamente y dar grandes saltos; sus garras retráctiles le permiten trepar y agarrarse con gran destreza. El esqueleto consta de 250 huesos. Los gatos domésticos tienen una variedad de pelajes y estos varían según la raza y su origen. Pueden ser monocromos, o de 2-3 colores. El pelo, al igual que la cola, puede ser largo o corto, y puede tener diferentes formas y longitudes, e incluso los ojos del gato pueden ser de diferentes colores (incluso los dos diferentes).

El sistema vestibular del animal está especialmente diseñado para proporcionar un excelente sentido del equilibrio. Debido a esto, puede volcarse al caer y aterrizar sobre sus pies. Esta maniobra a menudo puede salvarle la vida.

Los sentidos de un gato

Los gatos son depredadores y cazadores por naturaleza, por lo que tienen los sentidos muy desarrollados. Son suficientemente sensibles como para captar frecuencias que los humanos no podemos oír. Los gatos pueden ver con muy poca luz. Tienen visión binocular como los humanos y pueden percibir la distancia. Se las arreglan para prestar mucha atención al movimiento, pero no puede distinguir muy bien los detalles finos de los objetos.

Los gatos tienen una excelente audición. Pueden aislar la fuente de sonido del ruido ambiental y saber exactamente de dónde proviene el sonido.

A su vez tienen un sentido del olfato 14 veces más agudo que el de los humanos. También tienen una alta sensibilidad (por ejemplo, a los compuestos de nitrógeno) para determinar si la comida es buena o mala. Por este motivo, los gatos siempre huelen la comida antes de comer.

Su sentido del gusto también está bien desarrollado. Por ejemplo, puede percibir cualquier cambio en el sabor del agua, pero no pueden percibir la dulzura. El sentido del tacto también está muy desarrollado: sus bigotes, llamados vibrisas, le permiten detectar obstáculos y pequeños cambios en la presión del aire. Por lo tanto, son capaces de moverse en la oscuridad sin ningún problema. El gato también tiene bigotes debajo de las patas, debajo de la barbilla y debajo de las cejas. Las almohadillas debajo de los pies son muy sensibles a las vibraciones y su piel está cubierta con células táctiles altamente sensibles.

Carácter y comportamiento

Son animales territoriales, como todo felino, que delimitan su territorio liberando feromonas. No solo es un animal solitario, sino que también puede formar parte de una densa población de gatos urbanos.

Los gatos domésticos son fuertes, muy independientes y en ocasiones... oportunistas, por lo que necesitan nuestro cariño y respeto. No hay duda de que es un maravilloso compañero: es gentil, cariñoso, juguetón y le encanta que lo acaricien. También puede ser un animal social capaz de formar fuertes lazos si se satisfacen sus necesidades etológicas. Su personalidad cambia según la edad y la madurez.

Es un cazador muy hábil, un rasgo heredado de sus ancestros salvajes, y como resultado ha mantenido un alto grado de independencia a lo largo de los siglos. Es en la caza, en la espera paciente de una trampa, la persecución vertiginosa y los saltos excepcionalmente ágiles para atrapar presas en lo que se especializa este pequeño carnívoro. De hecho, la anatomía del gato es esbelta y elegante, y gracias a la extrema reducción de la clavícula, sus patas delanteras son muy flexibles, reemplazadas por músculos fuertes, mientras que las patas traseras se dedican a la propulsión saltando en lugar de correr.

La columna vertebral está formada por vértebras con articulaciones flexibles que aumentan la movilidad y la fuerza al saltar y correr. Como cualquier gato, es ambulatorio, es decir, camina de puntillas con cinco dedos en las patas delanteras, sin pulgares tocando el suelo, pero cuatro en las patas traseras. La cola larga la usa para mantener el equilibrio al correr y escalar. Las adaptaciones de caza también son evidentes en la estructura del cráneo, que es corto y grueso para proporcionar un fuerte agarre durante el ataque.

Treinta dientes especializados en una dieta carnívora para atrapar y consumir presas. Los incisivos son pequeños y solo sirven para cepillar el cabello, pero los largos y poderosos caninos son armas realmente afiladas, con sensores de presión en sus raíces para morder mortalmente con precisión. Los molares inferiores y últimos superiores, llamados dientes permanentes, son grandes, afilados y capaces de ejercer una fuerte presión, indispensable para cortar la carne. La lengua tiene muchas papilas pequeñas orientadas hacia atrás que raspan la carne del hueso y también actúan como un cepillo para limpiar y alisar el cabello.

Las garras protráctiles, afiladas y en hoz pueden considerarse un arma letal que en reposo permanecen retraídas, sin forro con una contracción de los músculos y extendiendo los tendones y ligamentos de la última falange de los dedos.

La vista, junto con el oído, es una de las formas en que el instinto de caza del gato se vuelve más prominente, es decir, para identificar, cazar y capturar presas. Los ojos grandes ubicados en el frente brindan una buena visión binocular para que pueda calcular distancias con precisión.

El gato es muy sensible a los movimientos rápidos y en comparación con muchos otros animales, está más especializado en visión crepuscular y nocturna, gracias a la máxima densidad de varillas, los receptores visuales más sensibles a la luz, mientras que tienen menor capacidad para visualizar detalles y discriminar colores.

El número de conos, las celdas que determinan el color, es en realidad mucho menor; sin embargo, los gatos pueden ver al menos tonos de azul y verde y sus combinaciones, y la falta de conos sensibles al rojo sugiere que es posible que los gatos no solo no vean el rojo, sino que los objetos rojos parezcan más oscuros que los verdes o azules. Sin embargo, el color no parece ser tan importante como el brillo, el tamaño y el movimiento de los objetos.

La eficiencia visual se ve reforzada por una capa de células detrás de la retina llamada tapetum lucidum, que refleja la luz que no es absorbida por los pigmentos visuales en los bastones y conos. Este efecto es evidente por la noche cuando los ojos del gato brillan y reflejan la luz que reciben las pupilas dilatadas. Durante el día, cuando la luz es brillante, las pupilas de los ojos se abren, y se dilatan por el miedo o el estrés, y se tensan ante la amenaza antes de un ataque.

La audición está particularmente desarrollada, ya que es fácil de imaginar al observar la capacidad de orientar las aurículas, llamadas "las grandes aletas". El audiograma es uno de los más grandes entre los mamíferos y tiene aproximadamente 10,5 octavas. A bajas frecuencias la sensibilidad de este felino es similar a la del hombre, pero es mucho mayor a medias y altas frecuencias. El límite superior corresponde, ciertamente no por casualidad, a las frecuencias producidas por su histórico "alimento", el ratón. Para localizar con precisión el origen de un sonido, los gatos deben permanecer inmóviles y apuntar sus aletas móviles hacia la fuente del sonido.

Los gatos son increíbles acróbatas gracias a su sistema vestibular altamente desarrollado, que regula el sentido del equilibrio ubicado en los oídos. El gato es un dispositivo de caza ideal gracias a sus extraordinarias habilidades atléticas: puede escalar superficies casi verticales y saltar sin esfuerzo en altura y longitud, caminar por bordes estrechos y altos sin mareos ni vacilaciones; esta habilidad, tan importante para los pequeños depredadores, depende directamente del sentido del equilibrio.

En los felinos domésticos, los movimientos musculares de la cabeza, los ojos y el cuerpo son parcialmente reflejos de los estímulos recibidos por el sistema vestibular, que regula el equilibrio del animal. Aunque el gato es un hábil saltador, puede tener dificultades para descender, lo que logra agarrándose con las patas delanteras y colgando con cuidado boca abajo; solo los felinos, como el leopardo nublado y el margay, pueden descender boca abajo y abalanzarse sobre su presa desde arriba de cabeza sobre sus presas.

El olfato no es tan agudo como la vista y el oído: como comentábamos, los gatos lo utilizan para decidir si comen o rechazan la comida, pero es especialmente importante en su vida social. De hecho, los gatos utilizan el olor corporal para identificarse como individuos y grupos familiares, y las gatas reconocen a sus cachorros y adultos por el olor de las glándulas sudoríparas y sebáceas para indicar su presencia en la zona. Las hembras usan el olor para indicar que están listas para aparearse con los machos, mientras que los machos marcan su presencia en los territorios, lo que limita la confrontación con los competidores. Las glándulas sebáceas producen un olor específico. Las glándulas sudoríparas están ubicadas y funcionan entre las yemas de los dedos, cerca de los labios, en la esquina de la barbilla, alrededor de los pezones y entre el ano. Las glándulas sebáceas también están bien desarrolladas solo en ciertas partes del cuerpo: la mandíbula superior, el prepucio de los machos y la parte superior de la cola. Los machos también tienen dos glándulas sebáceas que forman una bolsa con conductos a ambos lados del ano. Todas las glándulas se utilizan principalmente para la comunicación por el olfato, marcando la presencia del gato, el territorio y algunas características individuales, como el sexo, la madurez y la receptividad sexual, mediante frotamiento y rociado de orina. Los machos y las hembras tienden a marcar áreas específicas que se inspeccionan con frecuencia. Este análisis de los olores sociales se ve facilitado por la presencia del órgano vomeronasal, un dispositivo que conecta la boca y las cavidades nasales que detecta y analiza las partículas de olor durante las flamas, las muecas, cuando su labio superior se eleva y su boca se abre por unos momentos.

La soledad del gato

A pesar del paso del tiempo, los felinos no han perdido una importante voluntad de cazar: estudios recientes muestran que los gatos domésticos bien alimentados matan una media de 14 animales pequeños (entre lagartos, insectos o pequeños pájaros) al año. Los gatos salvajes, que tienen que valerse por sí mismos, matan alrededor de 1.100 al año.

Todos los aspectos de los gatos que hemos señalado lo muestran con un comportamiento depredador efectivo. Los sistemas sensoriales están sintonizados para detectar olores, sonidos y señales visuales, y la anatomía de un gato está perfectamente calibrada para cazar, atrapar y recuperar presas. Incluso hoy en día, existen pocas diferencias anatómicas entre los gatos modernos y las más de 100 mil momias de gatos egipcios excavadas en la ciudad egipcia de Tir Bast.

En su entorno natural, los gatos cazan entre 6 y 8 horas al día. Pueden realizar ataques depredadores a razón de 100-150 por día, pero en promedio solo el 10% tienen éxito.

Las incursiones de caza implican pequeños gastos de energía y esta dinámica debe compensarse con comidas pequeñas pero frecuentes a lo largo del día. Sin embargo, las bajas tasas de éxito en los resultados de caza aún prevalecen y no son un obstáculo para nuevos intentos después del primer fracaso. Así que incluso un gato bien alimentado seguirá teniendo las mismas ganas de cazar que tenían sus antepasados hace miles de años atrás. Además, a diferencia de los perros que trabajan juntos para capturar animales grandes y luego consumirlos en el contexto de grupos sociales, la caza y la alimentación en el mundo felino siempre ha sido una actividad solitaria.

Pero esta "soledad" fue interrumpida por los evidentes beneficios de la proximidad humana, cuando nuestros pequeños tigres descubrieron una humilde mano humana que llenaba periódicamente su tazón de comida y les proporcionaba alimentación continua (y protección espontánea). Por eso necesitamos disipar el cliché de que nuestros gatos pueden vivir solos durante mucho tiempo.

Décadas de interacción activa con humanos han fomentado la inteligencia en estos animales, pero este desarrollo ha preservado la presencia de instintos primitivos (caza y rastreo). Incluso los gatos como los perros sufren por no tener un dueño que los alimente y los mime. Como todos los seres vivos, sufren y se desorientan cuando son abandonados, ya que han desarrollado una relación muy profunda con los humanos. Para entender esto, solo hay que mirar la agonía de los gatos que viven en un refugio: cuando alguien pasa, meten las patas entre los barrotes para llamar la atención.

Psicología del gato

Como prueba de la compleja psicología felina basta con observar alguna actividad que los engancha durante el día. Vivir en contacto directo con un gato significa asistir a multitud de eventos cuya interpretación no debe detenerse en simples apariencias.

Si a tu gato nunca le gusta subirse a tu regazo durante el tiempo normal de relajación, sino que se cierne a tu lado, pero se recuesta, a primera vista puede parecer un gato gruñón, pero de hecho él te está ofreciendo una de las mayores concesiones posibles.

Por su propia naturaleza, el gato debe permanecer alerta ante posibles ataques o peligros que se acerquen y el mismo hecho de "ceder el control visual" del ángulo en el que se encuentra el dueño debe leerse como una concesión extrema de confianza en el ser humano, y, por tanto, aprobación de intimidad mutua.

Por analogía, cuando se enfrentan a nuevas interacciones sociales con extraños, es casi seguro que los gatos domésticos optarán por acercarse a amigos o invitados que (normalmente) no les agradan o no tienen ningún interés en los gatos. Paradójicamente, estos individuos representan la paz a los ojos de los gatos, porque no muestran señales visuales o de comportamiento intrusivas sobre el animal, y expresan señales positivas sobre él con total indiferencia.

Nuevamente: ¿Por qué los gatos domésticos a menudo nos dan la espalda, tal vez lamiendo vigorosamente sus patas, cuando los regañamos por una travesura? Cuando regañamos a un gato, fácilmente puede fingir indiferencia mientras se lame. Lo mismo si pierde el equilibrio en un salto o si se tropieza, se levanta y se lame como diciendo "acá no ha pasado nada". Ciertamente, es un viejo mecanismo de supervivencia mental: "no muestres a otras personas (depredador o huésped) que eres débil". Una estrategia más que un sentimiento y, por lo tanto, una respuesta conductual de alto nivel.

Algunas características psicológicas de los gatos ni siquiera han cambiado durante miles de años de domesticación: el gato común hoy en día conserva las características sociales e incluso antisociales de sus ancestros salvajes, tales como:

• son regionales
• tienen aversión a los cambios repentinos (entorno o rutina)
• cierta desconfianza subyacente.

Comunicación entre humanos y animales

Tratando pacientemente de entender el punto de vista del gato, casi siempre es posible establecer la comunicación humano-animal. Hay que permitirle que exprese su curiosidad sobre cada nuevo objeto que se introduce en su entorno de vida, y así clasificar a las personas que lo rodean y a las experiencias de una manera más general (olfato y vista). Debemos respetar su tiempo de aprendizaje, que ciertamente es rápido por su inteligencia innata.

Finalmente, como ocurre con los humanos, el camino hacia el corazón es a través del estómago. En todos los mamíferos, como humanos y gatos, la impronta de los recién nacidos está necesariamente relacionada con la provisión de alimento para los pequeños de la misma especie.

Simplificando el concepto de "el que trae comida trae supervivencia" nos permite entender cómo un gato equipara a su compañero humano con una gata

Capítulo 2
¿Cómo cuidarlos?

No hay duda de que nuestros gatos no solo son mascotas, sino miembros de nuestra familia, a los que hay que atenderlos de igual manera. Su lealtad, amor y capacidad para consolarnos son incomparables.

Pero en ocasiones su pelo o su olor pueden dejar huellas no deseadas en nuestros hogares. Así como limpiamos los desastres que dejan nuestros hijos (¡o nuestros cónyuges!), tenemos la obligación de limpiar los desechos de nuestros gatos. Afortunadamente, existen muchos productos que pueden facilitar el cuidado de estas bellas mascotas.

Mantén a salvo a tus gatos

Hay muchas cosas que puedes hacer para mantener seguro a tu gatito. La mayoría de estas actividades son muy fáciles de implementar, mientras que otras pueden requerir tiempo y reflexión. Sin embargo, es posible protegerlo, a pesar de que generalmente se considera que los gatos son animales que rechazan el entrenamiento y el encierro.

Aquí hay algunas sugerencias que puedo darte:

• Mantener a los gatos adentro es probablemente la forma más efectiva de mantenerlos seguros. Si bien esta no es una solución completa, ya que la mayoría de los gatos eventualmente encontrarán la salida a medida que maduran, sigue siendo útil. Por supuesto, esto solo se puede hacer si todos los miembros de la familia son igualmente responsables de garantizar la seguridad de puertas y ventanas.

• Otra medida de seguridad es mantener todos los cables eléctricos desenchufados y colgando fuera del alcance de los animales. La mayoría de los gatos se sienten inmediatamente atraídos por cualquier cosa que cuelgue o se mueva, por lo que debes asegurarte de que las cuerdas no se balanceen libremente en el aire y llamen la atención. Otros elementos, como las persianas, también deben asegurarse correctamente para asegurarse de que el gato no se enrede en ellas. Además, se recomienda mantener los artículos frágiles alejados de los animales. Si observas de cerca, podrás notar que los gatos casi siempre caminan, corren y saltan en los mismos lugares y usan los mismos patrones el 99% del tiempo.

• También es imprescindible mantener cualquier cuerda o cordel alejado del gatito para evitar que se asfixie al jugar con él.

Consejos generales:

• Proporciónale agua fresca y comida diaria.

• Lava su bandeja de arena periódicamente.

• Proporciónale juguetes y espacio para escalar y esconderse.

•	Llévalo al veterinario anualmente para chequeos y vacunaciones.

•	Asegúrate de que tenga su collar con una etiqueta de identificación y un microchip.

•	Resérvale un lugar cómodo para dormir.

•	Ponle elementos para que pueda raspas sus uñas.

•	Bríndale atención y juegos regulares.

•	Mantén los productos tóxicos fuera de su alcance.

•	No lo alimentes con comida para humanos.

•	Asegúrate de ubicarlo en un lugar tranquilo y seguro durante los viajes en automóvil.

•	No permitas que salga sin supervisión.

•	No dejes al felino en el exterior durante períodos prolongados de tiempo.

•	No lo golpees ni le pegues. Controla a los niños en el trato con la mascota.

•	No lo expongas a temperaturas extremas.

•	No lo bañes muy seguido.

•	No lo molestes mientras está durmiendo o descansando.

• No lo estreses con demasiados cambios en su entorno.

• No lo dejes sin compañía por períodos prolongados de tiempo.

• Proporciónale un ambiente seguro y ¡mucho amor!

¿Qué hacer con las peleas entre gatos?

Tranquilo o travieso, tu gatito puede estar involucrado en uno de estos conflictos, especialmente si es un gato al aire libre.

Los gatos de interior son naturalmente menos susceptibles a este riesgo por sí solos, a menos que estén al aire libre o tengan visitantes extraviados del exterior; pero dos o más gatos de interior también pueden tener días "malos". Si permites que tu gato deambule afuera, te recomiendo llevarlo al veterinario y comenzar con las vacunas a una edad temprana. ¡Y asegúrate de hacerlo todos los años y sin hacer preguntas! Esto es necesario si no quieres que se infecte con algo dañino, como el SIDA felino (FIV), que se transmite a través de la sangre durante las peleas. También protege a tu gatito de muchas otras enfermedades diferentes, como la leucemia felina (FLV). También es muy recomendable castrarlo para evitar la multiplicación de gatitos "no deseados". Si la hembra está en celo, los machos generalmente lucharán ferozmente por la hembra, lastimándose los contendientes y a la propia hembra.

Las peleas de gatos afuera por la noche pueden ser muy impactantes, ya que a veces pueden sonar como un niño de corta edad gritando o llorando, ¡que es definitivamente lo último que quieres escuchar cuando te acuestas por la noche!

Con las peleas de los gatos de interior, puedes colocar un objeto grande entre los dos (ej. almohadón) para romper el contacto visual entre ellos; pero nunca te interpongas en el camino como un tercer gato. Además de causarte daño, las mordeduras de gatos tienen más probabilidades de infectarse que las mordeduras de un perro.

Otra manera de separarlos es usando una silla. Voltéala colocando el respaldar en el piso y deslízala entre los felinos; esto los asustará y evitará más peleas. Separa a los mininos, y otórgales un "descanso" colocándolos (separados) en espacios cerrados por un corto tiempo.

Si el gato está asustado, una buena señal es que el pelaje está erizado por todo el cuerpo; pero cuando está en una posición amenazante o listo para atacar, verás que su pelaje se tensa en una banda estrecha a lo largo de la columna y la cola, lo que lo hace parecer más grande. ¡Este también es un buen momento para tener preparada la silla!

¡Los gatos que viven exclusivamente al aire libre, ya sean salvajes o libres, tienen un promedio de vida de solo cinco años! Entonces, si amas a tu gato y quieres que viva una vida saludable, ¡mantenlo adentro y podrá vivir otros 12 años!

No solo te beneficiarás al mantener a tu gatito dentro de casa por más tiempo, sino que también evitarás costosas facturas del veterinario como rasguños infectados, dientes astillados, orejas rotas y más por estos desagradables encontronazos.

Entrenamiento para morder y rascar

La respuesta normal de un gato a cualquier cosa que le cause molestia es morder o arañar. Por lo tanto, identificar la causa de esta reacción ayudará al propietario a eliminar los factores desagradables que molestan al gato o trabajar para que el animal reaccione mejor y más favorablemente a la intrusión percibida.

Dado que a los gatos les gusta rascar todo tipo de cosas, como muebles y cortinas, lo mejor para el propietario es encontrar formas de evitar daños. Algunas personas usan cinta adhesiva y papel de aluminio en superficies que inicialmente parecen atraer al gato para rascarlas, mientras que otras rocían el área con aromas específicos, porque a los gatos generalmente no les gustan los olores fuertes. Otra opción es comprar un rascador y animar al gato a usarlo en lugar de encapricharse con los muebles.

Los gatos son principalmente carnívoros y por lo tanto suelen morder como forma de mantenerse en forma. Darle a tu gato los juguetes adecuados para masticar puede ayudar a controlar sus impulsos naturales y mantenerlo ocupado, asegurándote de que no juegue con tus cosas cuando está aburrido.

Poner fin a la agresión

Enseñar a un gato a responder positivamente requiere algunas estrategias por parte del propietario. A la mayoría de los gatos les encanta que los acaricien, pero a menudo deciden cuándo es suficiente, y tienen reacciones precipitadas, como morder a quien le está dando caricias. Sin embargo, esta no es una forma aceptable de mostrar irritabilidad y es aconsejable tratar de superar esta expresión usando contramedidas. Estos pueden incluir acariciar suavemente hasta que el animal muestre signos de angustia y luego detenerse, o mover el área masajeada a otra posición cómoda que el animal pueda aceptar, con lo que se evitará que la mascota tenga una reacción negativa como morder o arañar.

Entrenamiento con caja de arena

El entrenamiento con la caja de arena no tiene por qué ser un asunto estresante y aburrido. Con la motivación adecuada, los gatos la usarán felizmente como su baño. Sin embargo, para lograr cualquier nivel de éxito, los propietarios deben adoptar algunas ideas muy innovadoras para crear el entorno ideal que fomente el uso constante de la caja de arena.

Consejos útiles:

• La mayoría de los gatitos usan la caja de arena de forma instintiva, simplemente porque el contenido de esta bandeja es muy similar a los materiales de los que naturalmente encuentran lugares adecuados para depositar sus heces. Sin embargo, otros pueden necesitar un poco de ayuda o capacitación. En primer lugar, el dueño debe observar los diferentes tiempos de baño del gatito. Luego, colocarlo suavemente en la caja de arena a la hora designada para alentarlo a usarla. Esto debe repetirse hasta que el animal reconozca el artilugio e instintivamente lo use para sus necesidades.

• Debe asegurarse de que la caja de arena esté a la altura ideal para facilitar el acceso del animal. Además, si el box está ubicado en un lugar apartado y tranquilo, obtendrá la privacidad y paz que necesita para relajarse. No la coloques en áreas propensas a distracciones y ruidos. Esto asustará al animal y evitará la caja de arena por completo.

• También es importante mantener limpio el complemento, ya que los gatos son muy conscientes de la limpieza de su entorno y rara vez usan una caja de arena que perciben sucia.

Problemas de no entrenar al gato

Las consecuencias de no educar a un gato pueden ser muy malas tanto para la mascota como para el dueño. Sin cierto nivel de control, los gatos no pueden comprender y controlar sus hábitos, lo que a su vez puede generar problemas que a menudo son irreversibles. Por lo tanto, profundizaremos en este tema en el Capítulo 5.

Hay algunas áreas muy específicas que requieren un cierto nivel de entrenamiento o los resultados pueden ser terribles. El entrenamiento para ir al baño es probablemente el más fácil de manejar y puede causar muchos problemas si no se hace rápidamente. Si la caja de arena no está claramente marcada como disponible, el gato encontrará un sustituto adecuado, que quizás no sea del agrado del propietario. Dado que las heces de los gatos pueden tener un olor bastante fuerte, si el gato no está entrenado en la caja de arena, puede hacer que huela terrible toda la casa o la sala de estar.

Otra área que puede causar problemas si no se controla son los rasguños de otros artículos del hogar, como muebles y cortinas. Si no se controla, esta propiedad puede causar muchos daños que casi siempre son irreversibles. Hay varias cosas que puedes hacer para disuadir a los gatos de este tipo de actividad y prolongar la vida útil de tus muebles.

Atrapar a un gato haciendo algo inaceptable requiere atención y condena inmediata. Si el dueño no puede atrapar al gato en el acto, regañarlo simplemente señalando los errores tiene pocas consecuencias para el minino. Por lo tanto, antes de cualquier entrenamiento específico, se debe observar cuidadosamente al gato en las etapas iniciales cuando se incorpora a la ecuación.

Tipos de cajas de arena

Hay varios tipos, aquí están algunas de las más comunes:

Caja de arena tradicional: es un recipiente plano y abierto con arena dentro.

Caja de arena con tapa: es similar a la tradicional, pero con una tapa que cubre el contenedor para mantener la arena dentro y reducir la dispersión.

Caja de arena con filtro: tienen un sistema de filtración incorporado que ayuda a mantener la arena fresca y limpia.

Caja de arena con bandeja: es una caja de arena con una bandeja deslizante que permite retirar los desechos de manera fácil y sin tener que vaciar toda la arena.

Caja de arena con paredes altas: tiene paredes altas para evitar que la arena se dispersa fuera de la caja.

Caja de arena automática: estas cajas de arena tienen un mecanismo que automáticamente limpia y rellena la arena, lo que reduce la frecuencia con la que debes limpiar el artilugio de manera manual. Estas cajas pueden ser más caras que las tradicionales, pero ofrecen comodidad y un ambiente más higiénico para tu gato. Algunas incluso tienen opciones de control remoto y programación para que puedas personalizar su uso para tus necesidades y las de tu feliz mascota.

Cuando se trata de arena para gatos, muchos felinos prefieren una marca sobre otra. Pero si comienzas con la arena higiénica adecuada o eres persistente, puedes encontrar una que ayude a mantener a raya los olores y mantenga a tu gato sano. Una buena marca de arena para gatos disponible en el mercado puede no solo neutralizar el olor peculiar de la caja de arena, sino también cambiar el color de la arena si el gato tiene una infección del tracto urinario. Debido a que las infecciones urinarias pueden convertirse rápidamente en una amenaza para la vida de la mascota, la detección temprana es importante. También es útil darle a tu veterinario información sobre posibles infecciones.

Pérdida de pelo

Muchos amantes de los gatos se preocupan por las alergias o el pelo de gato que se pega a los muebles y la ropa. Los productos para la caída del cabello hacen una de dos cosas: abordan la fuente del problema (su gato peludo) o facilitan la limpieza de los muebles. Los gatos generalmente mudan su capa interna (no lo que ves), por lo que un producto que ayuda a eliminar el pelo de las mascotas, significa que nunca lo verás en el sofá. Estos productos eliminan el pelo muerto de la capa interna mientras extraen los aceites naturales de tu gato. Debido a que este tipo de productos también ayudan a desalentar el exceso de aseo, es menos probable que su gato termine con bolas de pelo en la garganta.

Los gatos son animales muy lindos.

¿Quién hubiera pensado que una bolita de pelos podría ser tan divertida? Un proverbio irlandés sobre gatos quizás describe mejor la naturaleza de los gatos en su lugar de criaturas de placer. La belleza de los gatos fue perfectamente definida por Jean Burden. "Siempre digo que un perro es prosa, un gato es un poema".

Los gatos son animales muy frágiles y son propensos a muchas enfermedades. El aseo del gato es una parte muy importante para mantenerlo saludable.

De hecho, el cuidado de tu mascota es un programa de cuidados a largo plazo que abarca la vida del gato. Incluye: cuidado de la salud felina, diabetes felina; actividades como: acicalamiento, baños sanitarios, limpieza general, revisión de orejas, patas, dientes y trasero, corte de uñas, eliminación de pulgas e insectos del gato y programación de citas periódicas con un veterinario profesional.

Al igual que los niños, los gatitos, conocidos como mininos, requieren cuidados especiales. Los gatitos son delicados y deben manejarse con delicadeza. También deben estar bien abrigados en invierno, bien alimentados y correctamente limpios.

Productos para el cuidado de gatos

Los suministros de aseo juegan un papel clave para mantener a los felinos felices y saludables. Los suministros para su mascota pueden encontrarse en internet bajo los siguientes términos: casas especiales para gatos, puertas para gatos, muebles para gatos, jaulas para gatos, camas para gatos, camas para gatos con calefacción, juguetes para gatos, collares para gatos, collares para gatos de diseñador, joyas o collares para gatos, desodorantes para gatos, ropa para gatos, artículos especiales para gatos, comida para gatos, tónicos y suplementos para gatos y medicamentos para gatos.

Cómo bañar a un gato

Aunque los felinos son muy quisquillosos, hay momentos en los que realmente necesitan un baño. A veces se meten en algo muy pegajoso o sucio. Otras veces, su condición requiere baños regulares con champús medicados. Sin embargo, la mayoría de los gatos reaccionan negativamente a la ducha, lo que puede ser estresante tanto para el animal como para el dueño. Afortunadamente, hay algunos pasos que puede seguir para que la hora del baño sea menos traumática para ambos.

1. Recorte las uñas: Tu mascota gatuna puede agitarse o asustarse cuando está cubierto de agua, así que córtale las uñas antes de bañarlo para minimizar el daño. Trata de hacer este trabajo unas horas o incluso uno o dos días antes del baño para que tenga tiempo de calmarse. Asegúrate de cortar en áreas que no causen dolor o sangrado. Recompensar a tu gato por cortarle las uñas siempre hará que se sienta mejor y más tranquilo.

2. Cepilla a tu gato: No te saltes este paso. El cepillado ayuda a eliminar nudos y enredos del pelaje, que pueden ser más difíciles y dolorosos de eliminar cuando el gato se moja. A veces, incluso puedes cepillarlo para distraerlo el tiempo suficiente para que puedas cortarle las uñas. Esta es una excelente manera de matar dos pájaros de un tiro, pero necesitas que otra persona te ayude.

3. Elige el champú para gatos adecuado: Puedes comprar champú para gatos con tu veterinario o en la tienda local de mascotas. Consulta las instrucciones para ver si es adecuado para el animal y diluye con agua si es necesario. El uso regular de champús para humanos no solo reseca la piel del gato, sino que también es tóxico para los felinos. Además, no uses champú para perros en un apuro. Los productos que pueden dañar a los gatos se reemplazan mejor con solo agua. Es posible que debas usar una toallita para masajear el champú en el cuerpo del minino, pero tus manos pueden ser más adecuadas para este propósito.

4. Haz que el gato quiera bañarse: Lo primero que debes hacer es cansar a tu gatito y calmarlo antes de entrar al agua. Esto los hará menos propensos a morder, arañar o tratar de escapar. Elige un momento en que el animal esté más tranquilo, generalmente después de comer. Si todavía está hiperactivo, juega con él todo lo que puedas hasta que se canse. Antes de comenzar a bañar a tu mascota, trata de aclimatarlo. Consejos para ello:

• Pon algunos juguetes para gatos en la tina vacía. Pon al gato dentro y juega con él durante unos minutos. Luego detente para agregar un poco de agua y vuelve a jugar con él. Al hacer esto, lo acostumbrarás al baño y al agua. La hora del aseo se asocia rápidamente con algo placentero y no amenazante.

• También puede haber un juguete especial solo para el baño, como un ratón de goma o algo que flote en una cuerda. Simplemente deja que tu gato juegue con ese juguete en el baño y lo inspirará a esperar el aseo profundo con ansias en lugar de temerle.

5. Cierra la puerta del baño. Esto evitará que tu gato se escape y, si tienes más de un animal, disuadirá a los otros a que te interrumpan. Un gato maullando puede asustar al que se está bañando, posiblemente causando que se rasque o entre en pánico. Mantener la puerta cerrada también evitará que tu gato se escape y rompa cosas. Si tu mascota nunca antes ha sido bañada, es posible que desees que se acostumbre al lugar. Además, si tienes una caja de arena en la habitación donde lo bañas, retírala. Si tu gato se escapa del inodoro, correrá directamente a la caja de arena y hará un desastre.

6. Asegura la tina. Coloca una alfombrilla de goma o una toalla en la bañera para evitar que el animal resbale y que le resulte más cómodo asentar las patas. Deberías poner unas toallas en el suelo para cuando lo saques para no mojar el piso. Además, ten al menos dos toallas a mano para secarlo.

7. Prepara el baño. Antes de colocar a tu gato en la tina, llénala con un par de pulgadas de agua tibia, no agua caliente, ya que algunos animales se agitan con el agua muy fría o caliente. Llena dos tazas grandes o, mejor aún, una regadera para que puedas controlar el flujo de agua mientras enjuagas a tu gato. De esta manera, no tienes que agregar agua extra al baño, lo que puede asustarlo. No bañes al minino con una ducha o grifo. Esto puede causar que demasiada agua

lo abrume. El baño debe ser lo más suave y relajante posible, despejándole la idea que se va a ahogar. No tienes tiempo de salir corriendo mientras tu gato está en el baño, así que tienes que prepararlo todo. Estate preparada y mantén la calma.

8. Usa ropa protectora. Esto te protegerá de posibles rasguños menores o mayores. Se debe usar un suéter o una camisa de manga larga para evitar que el gato te rasguñe la piel desnuda. Puedes usar guantes con mangas largas, pero son voluminosos y pueden estorbar. Ten cuidado y delicadeza al frotar la cabeza y el vientre, ya que son zonas sensibles. También es buena idea llevar ropa que no sea nueva y que no te importe mojar.

9. Controla a tu gato. Habla con tu mascota con voz tranquila mientras la bañas. A veces, los gatos intentarán salir de la bañera. Si solo quieren apoyar dos pies en el agua, ponlos en la parte de atrás de la bañera y déjalos pararse sobre dos pies. Haz tu mejor esfuerzo para mantenerlos callados. Se recomienda utilizar una correa adecuada para asegurarlo de forma segura en el baño. Bañar a un gato es más fácil con dos personas involucradas, especialmente si tu mascota es muy fuerte y puede patear y resbalarse de tus manos. Uno puede sujetar el cuello mientras el otro baña al animal. Debes planear hacerlo lo antes posible sin apresurarte. Asegúrate de que tu gato pueda respirar cómodamente mientras está sujeto.

10. Evita regañarlo mientras lo bañas. En ningún momento se recomienda pelear con tu pequeño. Un gato asustado de 5 kg puede hacer mucho daño a una persona (o a dos). Es preferible detener el proceso y

volver a intentarlo otro día, hasta que haya terminado de asearse. Si estás nervioso o ansioso por el proceso, tu gato lo sabrá y reaccionará con nerviosismo.

11. Comienza a remojar desde el cuello del gatito hacia abajo. Lava el cuello, el cuerpo, las patas, el vientre y la cola del animal con una pequeña cantidad de champú y agua. Comienza con el cuello y continúa hasta la cola, siguiendo la dirección en la que crece su pelaje. Báñalo con un masaje para que se sienta tranquilo, no asustado. Actúa como si solo estuvieras planchando y acariciando.

12. Mantén el champú alejado de los ojos, la nariz, la boca y las orejas. Para reducir el riesgo de contraer una infección de oído, coloca un hisopo de algodón (un pequeño trozo de material suave que se usa para cubrir un corte o una abertura) en cada oído. No olvides retirarlos al final del baño. El algodón también reduce el ruido y facilita el trabajo. Si estás bañando a tu mascota, primero humedece el área alrededor de su cuello. Si tiene pulgas, intentarán escapar a las partes secas del gato, lo que significa una gran afluencia de pulgas en la cabeza y la cara durante el baño. Un collar húmedo evita que se salgan de la cabeza y entren en contacto con el agua y el champú antipulgas.

13. Enjuaga el champú del gatito. Enjuaga con agua. Luego drena la tina y enjuaga dos veces más con agua de un balde o agua tibia del grifo. Se debe quitar todo el jabón del pelaje. Continúa enjuagando hasta que el agua esté completamente clara y no haya burbujas de aire ni señales de jabón. Diluir el champú antes de comenzar te ayudará a evitar usar demasiado jabón o detergente, lo que requerirá un enjuague adicional más

adelante. Este proceso llevará más tiempo si tu gato tiene un pelaje largo y grueso.

14. Lava al gatito con agua y una toalla. No hay que correr riesgos con productos como el jabón o el champú, ya que pueden entrar en los ojos. Toma un paño húmedo y aplícaselo en la cara, quitando el pelo de los ojos y la nariz hasta que la cara, la cabeza y las orejas estén limpias. Observa al gato en busca de signos de pánico y ansiedad. Estos sonidos incluyen silbidos, gruñidos, jadeos, estornudos, llantos y maullidos. Vigila a tu mascota mientras se baña. Si tu gato se molesta por lo que estás haciendo, detente. Si uno o ambos están heridos o el gato está estresado, no hay razón para continuar. Ten cuidado con la mascota durante el primer baño. No hagas nada que lo moleste demasiado y le haga temer el próximo baño. Mejor calmarse y volver a intentarlo la próxima vez.

15. Toma una toalla y exprime con cuidado la mayor cantidad de agua posible de la piel. Luego envuelve al gato en una toalla y sécalo suavemente. Cuando la toalla esté demasiado mojada para ser efectiva, cambia a otra seca. No te detengas hasta que la toalla esté mojada. Cuando elimines el agua, usa movimientos suaves, como si estuvieras masajeando. También considera calentar primero la toalla en la secadora, ya que a muchos gatos les resulta cómodo. Trabaja con tu gato de nuevo. Si no te permiten seguir haciéndolo, se respetuoso y detente.

16. Déjalo secar y listo. El cabello corto puede terminar de secarse en la tina siempre que no tengas corrientes de aire. Les gustará una fuente de calor (calentador de espacio o ventilación del calentador) y una toalla seca

para sentarse. Los gatos de pelo largo necesitan un peine y varias toallas. El pelo largo es más propenso a enredarse cuando está mojado, por lo que es posible que tengas que cepillarlo hasta que esté completamente seco. Si tu gato no tiene miedo a los secadores de pelo, puedes utilizar uno con aire caliente para secarlo a distancia. También puedes cepillar suavemente su pelaje para eliminar cualquier nudo o enredo. Esto es especialmente útil para los gatos de pelo largo.

17. Prémialo. Este es un requisito. Si quieres que tu gato quiera volver a bañarse, tienes que asociarlo activamente con el proceso. Ofrécele su comida húmeda o golosina favorita. Incluso puedes darle un regalo más indulgente que guardarás para ocasiones muy raras. Si el baño está asociado con recibir golosinas sabrosas, tu gato estará ansioso por volver al baño de inmediato.

Cama del gato

La cama para gatos está especialmente diseñada para la comodidad de dormir de los animales. Debe ser el lugar más feliz para que estos animales se relajen y sueñen. Una buena cama para gatos es muy importante para mantenerlos sanos. La falta de sueño puede afectar en gran medida la salud general, por lo que los propietarios deben tener mucho cuidado al comprar ropa de cama para sus mascotas. Para este propósito en internet podrá encontrar lo necesario bajo los términos: camas para gatos de diseñador, camas para gatos con calefacción, camas para gatos de lujo, camas para gatos de mimbre, camas para gatos de cuero y más.

Hay varias camas para mascotas de diseño disponibles en el mercado, tanto en tiendas de mascotas como en línea.

Los gatos y los perros pasan mucho tiempo durmiendo, por lo que una cama cómoda es muy importante. A los gatos les gusta estar muy cómodos cuando duermen, por lo que es una buena idea proporcionarles una cama para gatos que los mantenga calientes. Las camas para gatos con calefacción están a solo un clic de distancia. Si está buscando una cama para gatos más tradicional, ¿por qué no considerar una cama para gatos de mimbre? Este tipo de camas son perfectas para ellos, les brindan el soporte necesario además de la comodidad de acuerdo a su tamaño. Una cama para gatos junto a la ventana también es genial porque tu gato puede simplemente relajarse bajo el sol y mirar por la ventana. Por su parte, la cama para gatos en el alféizar de la ventana satisface la curiosidad del felino.

Si tu mascota es definitivamente un "príncipe o una princesa", entonces una cama para gatos elegante o de diseño es definitivamente lo que él necesita. Si tienes varios gatos, busca una caja de arena para compartir. A los gatos les encanta estar cerca y compartir con otros gatos que les brindan juegos.

Si tu mascota felina pasa la mayor parte del tiempo al aire libre, busca una cama para gatos al aire libre o una cama para gatos económica que puedas reemplazar cada poco mes. Por esta razón, las camas para gatos con descuento también son adecuadas. Es importante recordar que, una cama para gatos lavable es muy importante para mantener al mínimo la caspa y el pelo de los gatos en su hogar. Otra buena idea es tener dos camas para gatos (aunque solo tengas un animal), esto asegurará que puedas limpiar una de ellas con regularidad, sabiendo que siempre habrá otra esperando para ocupar su lugar. Cualquiera que sea su estilo y las necesidades de tu gato, hay una cama adecuada para comprar.

Muebles para gatos

Si tienes la mala suerte de no estar en casa las 24 horas del día, los 7 días de la semana para cuidar a tu gatito, es probable que al llegar a casa encuentres tu sofá infestado de pelos o algo peor. Es posible que a tu gatito le guste la hierba gatera (también llamada albahaca para gatos). Dos tercios de los gatos se enamoran de esta planta debido a su fuerte aroma a menta. Cuando la conocen, los gatitos reaccionan de una manera peculiar, la huelen y frotan su cuerpo para activar aún más su olor). Pero no todos los gatos reaccionan de la misma manera. Si tu gato no nota su nuevo poste rascador y todavía está usando el sofá, corta algunas hojas de esta planta y frótala en el poste alfombrado.

Le tomará algunos días olfatear e interesarse por el rascador, pero si no sabe de qué se trata, muéstrale cómo usarlo y elógialo cada vez que lo use correctamente. ¡Asegúrate de que el poste esté bien sujeto, ya que puede caer sobre el gatito mientras lo usa y se asustará!

Capítulo 3
Hablemos de su salud

Como amante de los gatos, ¡naturalmente querrás saber todo lo posible sobre la salud de tu fiel amiguito peludo! Tu pequeña mascota ya es parte de la familia, entonces, ¿por qué no asegurarte de que esté feliz y saludable?

En este capítulo, veremos algunos puntos de partida para la salud de los gatos. Desde el comienzo hay que saber que su salud está muy influenciada por los alimentos que come. La obesidad es un factor importante en las enfermedades cardíacas, especialmente a medida que el gato envejece.

Siempre debes elegir un alimento para mascotas que sea apropiado para su edad y condición física en general. En caso de dudas, consulta con tu veterinario, ya que las necesidades nutricionales de tu gato pueden ser muy diferentes de lo que tu creas. Es posible que el gato de tu vecino no sea el mismo que el tuyo, por lo que las comparaciones y los consejos de los dueños de mascotas a veces pueden resultar contraproducentes (a pesar de las mejores intenciones).

Lista de alimentos apropiadas para tu gato

*   espárrago
*   plátano
*   brócoli
*   carne

- hígado
- queso
- avena
- pollo
- guisantes
- pepino
- polenta
- huevos
- calabazas
- pescado
- patatas
- melón
- pavo
- cordero
- sandía
- calabacín
- yogurt

Lo que NO debes darle:

- chocolates
- medicinas para personas
- cafeína
- leche de coco
- golosinas
- nueces
- alcohol
- pasas
- café
- ajo
- semillas
- huesos cocidos
- xilitol
- uva

- levadura
- cebollino
- suplementos para personas
- chicle
- embutidos

En el próximo capítulo abordaremos en profundidad el tema de la alimentación.

Continuando con las condiciones ideales de salud, podemos citar que los gatos de pelo largo requieren un aseo regular para mantener una salud óptima. Usa un cepillo para mascotas y cepilla a tu mascota al menos una vez a la semana. Aparte, es una excelente manera de relacionarte con tus gatitos.

Las cajas de arenas pueden ser un peligro para la salud de los gatos y los humanos si no se limpian con regularidad. Cámbiala al menos cada cuatro días o con más frecuencia y no olvides limpiar los lados de la caja ya que los gatos son animales muy limpios y huelen 10 veces mejor que los humanos. Además, ten cuidado ya que algunas arenas pueden contener mucho polvo que puede irritar y causar asma a tu mascota. Si eliges quitarle las garras, puede ser un factor significativo en la salud del animal, aunque se le estaría quitando parte de su esencia animal.

Además, a veces cortar las uñas de un animal es tan doloroso que puede ser peligroso. Si te preocupan tus muebles, recuerda en comprar un rascador y frotarlo con hierba gatera. Otra opción es recortar las uñas con mucho cuidado.

Situaciones estresantes como mudanzas, viajes, desastres naturales e incluso cambios en la familia pueden afectar la salud de tu mascota, ya que los felinos son criaturas muy sensibles. Parte del control de la salud de tu gato es asegurarse de que esté fuera del alcance de toxinas peligrosas, al igual que con los niños. Algunas plantas de interior son mortales para los gatos, ¡así que asegúrate de cuidar tus plantas y eliminar sus toxinas!

Si tienes un gatito de interior, invierte en algunas plantas aptas para gatos como la hierba gatera, o la madreselva, para darles algunos nutrientes y minerales muy necesarios que a menudo no obtienen.

Salud bucal

Los felinos a menudo sufren de enfermedades bucales que pueden afectar su salud. Los gatos son tan propensos y pueden desarrollar gingivitis como los humanos. Deberás llevarlo al veterinario al menos una vez al año para revisiones y limpiezas periódicas, incluso hasta podrías cambiar a un alimento antisarro, para sumar una ventaja.

Como siempre, uno de los factores más importantes que afectan la salud del gato es decidir si necesita salir o no. Los automóviles, los niños, otros animales y las toxinas son peligrosas y deben evitarse cuando se tiene un gato. A veces, mantenerlo encerrado no es la solución adecuada para todos los gatitos, ¡porque necesitas abastecerte de juguetes para gatos!; además, una vez que tu mascota se acostumbre al aire libre, ¡es difícil parar!

Enfermedades más comunes en los gatos

Los gatos son propensos a una variedad de enfermedades que pueden ser causadas por virus, bacterias o parásitos.

Aquí hay diez enfermedades comunes en los gatos, sus características y síntomas que deben llamar tu atención. Para proteger la salud de tu pequeño amigo, es muy importante consultar a un veterinario porque, como veremos, muchas enfermedades en los gatos son altamente contagiosas y algunas pueden ser fatales.

1. Coryza

Esta enfermedad altamente contagiosa, causada por un virus que no es gripe, todavía se conoce comúnmente como gripe felina. Debe tratarse lo antes posible porque tarda mucho tiempo en sanar. Independientemente, los gatos infectados con Coryza continuarán portando el virus durante toda su vida. Por lo tanto, no se puede descartar una recurrencia. Los principales síntomas de Coryza son: fiebre, estornudos, secreción ocular, empeoramiento de la infección respiratoria, úlceras en la boca e incluso complicaciones pulmonares. Si los síntomas comienzan con un resfriado severo, el estado general del gato puede deteriorarse rápidamente. Todos los gatos deben vacunarse contra Coryza.

2. Rinotraqueitis viral felina (FVR)

Esta es una enfermedad grave que a veces puede ser fatal en gatitos o en adultos más débiles, pero también puede causar abortos en gatos. Se transmite a los gatos por el herpesvirus felino 1, o FeHV-1, que causa rinitis. Se propaga a través de la saliva y las secreciones lagrimales. Un gato que estornuda, tose o tiene conjuntivitis puede infectar fácilmente a otros. La pérdida de peso, fiebre, pérdida de apetito, tos, conjuntivitis, rinitis severa y deshidratación son los principales síntomas de la FVR. En caso de duda, consulta con tu veterinario de confianza. La vacunación de los gatos ayuda a proteger el sistema inmunitario y, por tanto, reduce el riesgo de infección por dichos virus.

3. Leucosis felina

La leucosis felina es una enfermedad viral causada por el virus de la leucemia felina. Esta es una enfermedad extremadamente grave, especialmente con un período de incubación de hasta dos años. Incluso los gatos asintomáticos son contagiosos de por vida. La leucosis se transmite a través del contacto sexual, la saliva, la sangre y la lactancia. No existe cura para los gatos con leucosis felina y, lamentablemente, es una enfermedad mortal.

4. Leucemia viral felina o FeLV

Esta infección por retrovirus es una de las infecciones más graves en gatos, ya que puede causar cáncer, inmunodeficiencia y al menos varias de las denominadas enfermedades secundarias. Su diagnóstico y tratamiento son difíciles. Los principales síntomas del FeLV en gatos son depresión generalizada, secreción nasal y ocular, linfadenopatía, diarrea, anorexia, pérdida de peso, fiebre, anemia e incluso trastornos neurológicos. Ningún tratamiento puede erradicar la leucemia viral felina hasta el punto de que 9 de cada 10 gatos mueren dentro de los 4 años posteriores a la aparición de los primeros síntomas.

5 - Tifus felino

El tifus felino, también conocido como panleucopenia felina, es una enfermedad viral contagiosa que afecta principalmente a gatos comunitarios o callejeros en la actualidad. Es causada por el parvovirus y es altamente contagiosa. Los síntomas del tifus felino aparecen después de un período de incubación de 2 a 5 días. Difieren según la forma de la enfermedad (subaguda, aguda o hiperaguda más grave). Síntomas: pérdida de apetito, deshidratación, vómitos, diarrea. Los casos más graves de esta enfermedad en animales jóvenes o debilitados pueden ser fatal en cuestión de horas. No hay cura para el tifus.

La mejor forma de prevenir el tifus felino es la vacunación, que es 100% efectiva.

6. Pancreatitis felina

Se desconoce el origen de esta grave enfermedad, pero sí sabemos que puede ser tratada o transmitida a los gatos por una variedad de virus y bacterias. Ataca tanto a gatos machos como hembras sin importar la edad. Hay dos formas de pancreatitis: crónica y aguda, y esta última es más fácil de diagnosticar que la forma crónica porque los síntomas asociados aparecen repentinamente y son extremadamente intensos: Dolor abdominal, pérdida de apetito y de peso e incluso ictericia. Se necesita reaccionar rápidamente y llevarlo a revisación.

7. Acné felino

Esta enfermedad de la piel es muy común en los gatos. Se caracteriza por la inflamación de las glándulas sebáceas del mentón y el labio inferior. Se lo aprecia por la presencia de comedones, costras y, en casos graves, infección local que provoca edema, pápulas y fístulas. El acné del gato se puede tratar bien, pero no se debe ignorar el riesgo de recurrencia. Para estar seguro, se recomienda usar tazones de cerámica en lugar de plástico (estos últimos son menos adecuados para los gatitos).

8. Clamidia en gatos

Esta enfermedad felina es causada por la bacteria Chlamydia felis y se propaga a través de las secreciones nasales y oculares. Afecta principalmente a felinos pequeños que viven en comunidades. Es una complicación de la rinitis y, en ocasiones, es contagiosa en personas inmunodeprimidas. Los síntomas de la clamidia incluyen conjuntivitis, lagrimeo, secreción nasal, estornudos, párpados hinchados y tos frecuente. El gato corre el riesgo de sufrir enfermedades respiratorias graves y complicaciones pulmonares.

La prevención de la clamidia felina incluye la vacunación.

9. FIV o SIDA en gatos

Es una de las enfermedades virales infecciosas más graves en los felinos. El virus en cuestión es un retrovirus similar al SIDA en humanos, pero el FIV en gatos no se puede transmitir a humanos. El período de incubación puede durar varios años, durante los cuales el animal infecta a sus parientes cuando estos no muestran síntomas, pero eventualmente desarrollan manifestaciones de la enfermedad. Por ejemplo, ganglios linfáticos agrandados, pérdida de peso, fiebre alta. El gato luego vomita, sufre de diarrea y desarrolla muchos problemas en la boca, la nariz, los ojos y la piel debido a un sistema inmunológico debilitado. La muerte del gato es inevitable.

10. Enfermedad de Lyme felina

La enfermedad de Lyme es transmitida por garrapatas, también conocida como enfermedad de Lyme, es menos común en gatos que en perros. La verdad es que significa peligro. Se acumula insidiosamente y los síntomas no aparecen hasta 60 a 90 días después de la picadura de la garrapata. Debe tratarse con antibióticos. El gato se vuelve letárgico, tiene fiebre y falta de apetito. A veces, sus articulaciones se ponen rígidas y, en etapas avanzadas, la inflamación causaba parálisis. En casos más severos, el corazón o los riñones del gato pueden verse afectados, y sin atención el pronóstico es potencialmente mortal.

Las medidas preventivas incluyen revisar el pelaje del gato después de cada paseo al aire libre. Es muy importante deshacerse de los piojos lo antes posible con un quitapiojos.

Ir al veterinario

La mayoría de los animales tienen una renuencia natural a acudir al veterinario porque suele ser en circunstancias desagradables. Pero dado que esta es una parte tan importante de la vida de un animal, se deben tomar medidas para que el trabajo sea lo más fácil posible tanto para el dueño como para el gato.

En primer lugar, el método más importante para transportar gatos es la jaula para mascotas. Se deben tomar medidas para evitar que el animal asocie esto con una visita al veterinario. Esto se debe a que la perspectiva de ir al veterinario nunca es agradable en la mente de una mascota. Así que poner al gato en una jaula por razones menos estresantes lo confundirá lo suficiente como para que no asocie la jaula con una visita al veterinario. Los gatos a menudo encuentran que el transportador es restrictivo, lo que lleva a una aversión innata por él. Agregar los juguetes favoritos de tu mascota puede ayudar a reducir el estrés mientras se encuentra en un espacio tan pequeño. Colocar un paño sobre la caja durante el transporte también ayudará a calmarlo y tranquilizarlo, ya que la oscuridad le dará una sensación de paz e incluso puede animarlo a dormir.

Otro consejo oportuno es buscar un buen veterinario que esté dispuesto a que el animal esté cómodo antes de empezar el examen. Cuando el gato está cómodo, es menos probable que gire y se agite. También reducirá el estrés tanto para el dueño como para el gato. Algunos veterinarios tendrán golosinas a la mano en un intento por calmarlo y hacer que se sienta más cómodo durante la visita.

Lo que necesitas saber sobre las vacunas

Aunque las vacunas son a menudo una necesidad temida, todavía hay muchos problemas que generalmente están asociados con lograr que un animal se adapte y acepte esto como importante e inevitable. Sin embargo, el dueño debe ser firme en procurar todas las vacunas requeridas para el gato, ya que esto ayudará a mantener a la mascota en mejores condiciones de salud.

Las vacunas generalmente se administran para brindarle a un animal la ayuda que necesita para proteger su cuerpo de una invasión externa de cualquier organismo que lo enferme. El sistema inmunológico del gato debe estar bien protegido contra cualquier invasión externa negativa.

Los gatos que no están en el interior suelen estar más expuestos a organismos que causan enfermedades, por lo que los efectos de la infección siempre estarán presentes. Esta condición también puede afectar al dueño del gato y a quienes lo rodean. Una enfermedad preocupante que los propietarios pueden encontrar es la rabia, por lo que se requiere la vacunación. Estas son algunas de las vacunas más recomendadas para gatos:

• **Vacuna contra el virus de la panleucopenia felina**: esta vacuna está diseñada para proteger a los gatos de una enfermedad altamente contagiosa que puede permanecer latente hasta que realmente causa una reacción fatal.

• **Vacuna contra el herpesvirus/colesivirus felino**: diseñada para tratar una enfermedad común de las vías respiratorias superiores en los felinos, que en su mayoría nunca se recuperan por completo, pero la vacunación puede ayudar a controlarla.

• **Vacunación contra la rabia**: En la mayoría de los países ahora es obligatorio vacunar a los gatos contra la rabia, ya que esta enfermedad es una amenaza no solo para los gatos sino también para los humanos.

Otros consejos de salud

Servir la comida adecuada
Elegir una comida para gatos es algo más que ofrecer el tipo de comida que a tu gato le gusta ingerir, ya que, muchas veces no es nutritiva ni equilibrada. Por lo tanto, es importante asegurarse de que la dieta contenga todos los elementos para una salud óptima.

Proporcionar el cuidado correcto
Los gatos son bastante exigentes por naturaleza, por lo que es necesario acicalarlos constantemente. La mayoría de los gatos pasan bastante tiempo lamiéndose y manteniendo cada pelaje en su lugar.

Los gatos de pelo largo son especialmente difíciles de mantener y requieren un cuidado constante por parte de sus dueños. Incluso el gato pasa la mayor parte del día lamiendo cada pelo de su cuerpo. Por supuesto, esto no es bueno porque el animal puede tener bolas de pelo y pelaje enmarañado. Idealmente, los propietarios deben contratar a un peluquero profesional para mascotas para mantener el pelaje fácil de cuidar y cepillar regularmente para eliminar los mechones o el vello no deseado. Los gatos de pelo corto no son una excepción, ya que también requieren acicalamiento, incluido el cepillado diario. Este procedimiento de peinado es tan importante que a veces puede permitir que un gato disfrute de una buena calidad de vida sin tener que acudir al veterinario para una cirugía de emergencia para eliminar una bola de pelo que está bloqueando el intestino. El cepillado diario ayuda a reducir la cantidad de pelo que ingiere el gato durante el aseo. Los felinos a menudo se defienden tosiendo estas bolas de pelo, lo que puede ser desagradable, pero es una mejor opción que la cirugía.

Tener algunas herramientas en casa ayudará a establecer una rutina que sea cómoda tanto para el gato como para el dueño. Al principio, es posible que a los gatos no les entusiasme demasiado que los peinen, pero si el dueño es persistente y amable, el animal eventualmente aprenderá a aceptarlo como una parte necesaria de la rutina diaria.

Proporciónale juguetes apropiados y cariño

A los gatos les gusta dar y recibir atención, pero normalmente a su manera. Esto suele ser difícil de entender, especialmente si el dueño es alguien a quien le gusta acurrucarse con su mascota. Sin embargo, hay maneras de mostrarle amor a tu gato sin recibir un rechazo.

Aquí hay algunos consejos para vincularse con tu gato y los juguetes adecuados para completar la ecuación:

• Aunque a los gatos no les gusta que los acaricien demasiado, en algunos casos se dejarán levantar para darles un abrazo rápido y suave. Pero cuando el gato se estresa, es hora de terminar con la sesión de cariño.

• A los gatos les encanta jugar y los juguetes más adecuados no tienen por qué ser los de diseño caro. Los juguetes simples hechos de trozos de papel enrollados en una bola o simplemente arrugados son elementos perfectos para él. Sin embargo, el tamaño debe ser demasiado grande para que no se lo trague. Colgar una cuerda o colgar algo de ella será una perspectiva muy atractiva para la atención inmediata del felino. Pasear un objeto tirado por un cordón por el suelo (asemejando a un roedor) avivará sus instintos de caza y realmente lo emocionará.

• A los gatos también les gusta que los acaricien o los rasquen, pero son muy quisquillosos con ciertos lugares de su cuerpo. Inicialmente, el propietario tendrá que lidiar con algunos rasguños antes de encontrar las áreas perfectas. Los puntos populares están debajo de la barbilla y alrededor de las mejillas y detrás de las orejas y, a veces, en la espalda, justo antes que el cuerpo se una con la cola.

• Pequeñas bolas de colores con campanas en el interior son otro juguete popular con el que la mayoría de los gatos disfrutan jugando.

Enfermedades causadas por la obesidad

Los gatos obesos representan del 25% al 30% de los gatos domésticos en las ciudades de hoy. Los datos son alarmantes porque la obesidad puede derivar en otros problemas de salud que reducen la calidad de vida de los animales y acortan su esperanza de vida. En general, la obesidad es una enfermedad nutricional, pero puede derivar en problemas ortopédicos, respiratorios, cardiovasculares y diabéticos.

La obesidad se caracteriza por una acumulación de grasa corporal, y un gato se considera obeso si tiene entre un 30 y un 40 por ciento de sobrepeso. Esta condición requiere tratamiento inmediato para promover la pérdida de peso y reducir los efectos de la obesidad.

Problemas ortopédicos en gatos obesos

La obesidad en los gatos aumenta la posibilidad de que estos animales desarrollen problemas articulares, displasia de cadera, artritis y otras enfermedades relacionadas. La sobrecarga de las extremidades y las enfermedades dolorosas hacen que los mininos reduzcan el ejercicio, lo que puede conducir a sobrepeso corporal. El tratamiento de estos trastornos debe complementarse con medidas de pérdida de peso como el reentrenamiento y el ejercicio. Es importante señalar que todos los ejercicios para gatos con problemas ortopédicos deben realizarse bajo la supervisión de un veterinario para evitar que la condición empeore aún más.

Problemas hepáticos causados por la obesidad en gatos

Los problemas hepáticos afectan a muchos gatos con sobrepeso, y la principal enfermedad es la esteatosis hepática o síndrome del hígado graso. Esta enfermedad felina se caracteriza por la acumulación de grasa en el hígado, lo que provoca pérdida de apetito, y conducir a la pérdida de peso. Otros síntomas posibles incluyen: ictericia (coloración amarillenta de los ojos, las encías y las membranas mucosas), diarrea, vómitos, letargo y deshidratación. Este problema reduce la función hepática y puede ser fatal en los gatos.

Diabetes en gatos obesos

La diabetes en los gatos generalmente se debe a una predisposición genética, pero se ha observado que los gatos obesos desarrollan la enfermedad con más frecuencia. Este problema de salud se caracteriza por la falta de insulina en las células del páncreas, la sustancia encargada de regular el azúcar en la sangre, cuando no se produce suficiente insulina, aumenta la cantidad de glucosa en la sangre. Entre estos síntomas podemos destacar la sed excesiva, que hace que el animal orine con más frecuencia.

El tratamiento de la diabetes en gatos es muy importante y se debe realizar administrando insulina y cambiando la alimentación, ya que los animales necesitan alimentos con bajo índice glucémico.

Capítulo 4
alimentación

Si el nuevo propietario no está interesado en alimentar al gato con comida procesada, la comida casera es una muy buena idea. Sin embargo, siempre debe tratar de evitar las sobras de alimentos humanos como su principal fuente de alimento, ya que la comida humana no es realmente completa ni nutritiva para los animales. Los ingredientes básicos de la comida para gatos deben ser los aminoácidos taurina y calcio, normalmente en forma de harina de huesos.

Garantizar una nutrición adecuada

Realmente no es necesario saber mucho sobre alimentos y dietas para gatos, ya que el propietario solo necesita conocer algunos datos, principalmente basados en las estadísticas del gato, para tomar una decisión informada sobre los tipos de alimentos necesarios. Estos datos deben incluir la edad del animal, su tamaño, el estilo de vida y tipo de raza. Todo esto sería un buen punto de partida para que el propietario tome una decisión informada sobre qué tipos de alimentos son adecuados para cada caso.

Hay varias opciones para felinos, incluyendo comida seca y húmeda. Una combinación de dos o un tipo será suficiente para él, ya que suele cubrir toda la gama de vitaminas y minerales necesarios para una salud óptima.

Dado que el presupuesto puede ser un factor determinante en la compra de la mejor comida para mascotas, la mayoría de las marcas hacen bien su trabajo con una buena relación costo/beneficio. Sin embargo, si los costos no son excesivos, sería ideal tratar de comprar comida para gatos premium o natural, porque estos productos serán de mucha más calidad que los productos ordinarios del estante. En general, la comida envasada en los supermercados es de baja calidad, porque está diseñada para la comodidad de los consumidores que se abastecen en estas tiendas junto a otros productos hogareños, y no se tiene en cuenta el beneficio exclusivo del animal. Los alimentos premium se pueden encontrar con los veterinarios o tiendas de mascotas y son más caros, pero de mayor calidad.

La alimentación del gato obedece a ciertas normas:

1.   Poco pero seguido
Son adecuadas muchas comidas pequeñas, que el gato comerá especialmente durante las horas de la noche, en lugar de una sola comida en estado de hambre, típica de situaciones estresantes (incluso en la naturaleza) y que provocan obesidad y otras disfunciones. El gato debe estar acostumbrado desde muy pequeño a comer de forma independiente.

2. Raciones equilibradas
Ajustar la dosis según el peso del gato: 40 a 50 gramos de alimento por kg de peso corporal. Lo ideal es prepararlo en casa, 50% carne animal (ternera, equino, ave, pescado, etc.) ligeramente cocida, 20% cereales

muy cocidos, 20% verduras cocidas, y el resto vitaminas y aditivos de aceite.

3. Cuidado con los cambios repentinos

Acostumbra a tu gato a cosas nuevas poco a poco y no pruebes alimentos completamente nuevos o sabores inusuales de manera sorpresiva.

4. El agua es importante

El gato no es muy buen bebedor: ingiere la mayor parte del líquido con la comida sin beber agua como complemento. Así que elige una dieta que incluya al menos una comida húmeda al día. Son buenas las sopas hechas con caldo de verduras y enriquecidas con cereales, carne o queso.

5. No "sobras"

Los felinos no son humanos y no deben ser alimentados de la misma manera que nosotros, o peor aún, con nuestras sobras. Este hábito es también una importante fuente de estrés para el animal, que se manifiesta en la relación con el dueño y en la vida hogareña, provocando conflictos y discusiones innecesarias en las comidas. Recuerda que algunos obsequios lindos pueden ser perjudiciales para la salud de tu gato (por ejemplo, darle pastel y otras "golosinas").

6. Verifica la temperatura del macerado

La comida para gatos nunca debe sacarse del refrigerador y ofrecerla de inmediato, ni debe estar demasiado caliente. Una temperatura promedio similar a la temperatura corporal del animal es ideal. Los gatos no deben comer más de tres o cuatro horas después de servir la comida, excepto los cereales secos.

7. No les des dulces

La eliminación de los dulces y el azúcar de la dieta del gato debería ser una regla absoluta. El chocolate, además de alimentarlo en exceso, puede provocar intoxicación por teobromina. Sin embargo, puedes darle una golosina para gatos de vez en cuando.

Alimentar a un felino no es fácil: ¡los gatos son animales que necesitan cuidados y atención! Se requieren dosis equilibradas y ajustadas. Cuando compras las mejores marcas de comida para ellos en línea, puedes estar seguro de que ahorrarás dinero. Muchos minoristas en línea tienen marcas como Whiskas, Royal Canin, Perfect Fit, etc. y, a menudo, negocian precios que son mucho más bajos que en las tiendas físicas. Y al comprar en grandes cantidades, el precio vuelve a bajar: ¡tenlo en cuenta al hacer el pedido!

Preparar comida para gatos

Estas mascotas peludas son expertos gourmets. Probablemente ya lo hayas notado con tu tigre doméstico que ha desarrollado preferencias especiales por marcas o variedades de alimentos muy especiales. Si, por alguna razón, pruebas con un producto con el que tu gato no está familiarizado, es muy posible que se irrite. Fiel al lema: ¿debería comer eso?

¿Cuáles son los beneficios de hacer comida casera? Los gatos a menudo también son quisquillosos con la comida adicional: algunos felinos domésticos no pueden resistir el queso, otros incluso se meten con la canasta de verduras. Con todos estos antojos, la mayoría de los felinos probablemente llegarán a lo mismo: la comida recién preparada es inmejorable. Si de vez en cuando preparas un menú para tus mascotas con ingredientes recién comprados y procesados directamente, no solo estarás garantizando una variedad de alta calidad en el tazón de su mascota.

Si tienes el tiempo y algunas habilidades técnicas, puedes disfrutar haciendo comida fresca para gatos de vez en cuando. También te da un control completo sobre los ingredientes que utilizas. Pero esta comida debe ser pensada para este tipo de animales que son carnívoros especializados, no "omnívoros" como los humanos. Esto significa que, al preparar las comidas para tu gato, deberás repensar algunos de los pasos de cocción que conoces en la cocina. Seguir los puntos a continuación asegurará que tu gato tolerará este alimento al menos la mayor parte del tiempo. Porque los animales, como las personas, tienen su propia intolerancia. Si tienes alguna duda, lo mejor es pedir consejo a su veterinario.

¿Qué pasa con la taurina?

El aminoácido taurina es un componente esencial en una dieta equilibrada para gatos. Los felinos los necesitan para el metabolismo y la digestión. La taurina se compone de otros aminoácidos y se produce en los mamíferos. Sin embargo, a diferencia de otros animales, los gatos no pueden sintetizar suficiente taurina en sus hígados. Las enzimas requeridas para esto son solo ligeramente activas. Por lo tanto, es imperativo que los gatos obtengan suficiente taurina en su dieta. Puedes asegurarte de esto alimentándolos con carne cruda, de esta manera los gatos obtienen taurina extra. Se debe observar una higiene absoluta al servir carne cruda. Presta atención al mantenimiento de la cadena de frío y lava bien la carne antes de utilizarla. Dado que la taurina puede ser destruida por la acción del calor, la carne cocida no es ideal cuando se trata de suministro de taurina. Por cierto, el proveedor de carne más rico en taurina no es otro que el ratón, la presa clásica de los gatos cazadores.

La taurina también está disponible comercialmente como suplemento dietético en forma de polvo. Para encontrar la dosis correcta para tu tigre mascota, consulta a tu veterinario si es necesario. Las necesidades pueden variar de un animal a otro según la raza, la edad, el peso y la dieta.

Una receta básica de comida casera para gatos:

Básicamente, al cocinar alimentos para mascotas, debes prestar atención a los siguientes puntos:

•	Si le das a tu gato corazón crudo de res, cordero o ave, quítale la grasa de antemano, al gato no le gustará.

•	El hígado solo debe consumirse crudo en pequeñas cantidades, ya que tiene un fuerte efecto laxante.

•	Los riñones son órganos que filtran contaminantes y no deben darse como alimento crudo a los gatos; primero deben empaparse en leche durante unas horas antes de cocinarlos.

Para preparar usted mismo una pequeña comida para su gato, puede hacer lo siguiente:

Una ración de arroz (o avena, granola, sémola de maíz) y 2 raciones de verduras picadas (zanahorias, brócoli, espárragos, espinacas, etc., más o menos según el gusto, pero sin puerros/cebollas) y un puñado de sal y una cucharada de mantequilla, hasta que esté suave.

Mezcle todo bien, caliente a la consistencia deseada con agua hirviendo y congele con carne cruda en porciones o sirva inmediatamente. Si no desea darle de comer algo crudo, también puede cocinar la carne, siempre que la carne cocida sea aceptable por el gato.

Agregue a la mezcla minerales y vitaminas después de descongelar o antes de alimentar y sirva tibio. Siempre que no uses comida tóxica para gatos, tu imaginación casi no tiene límites. Puedes conseguir variedad cambiando las verduras según la temporada, ofreciéndole arroz en un momento y avena en otra oportunidad. Debes descubrir lo que tu mascota acepta o rechaza.

Recetas para gatos en ocasiones especiales

Las sugerencias de recetas a continuación se comen mejor frescas, pero también se pueden refrigerar. Las cantidades indicadas hacen varias porciones. Las mezclas de minerales y vitaminas se pueden omitir excepcionalmente si se trata de un menú festivo en lugar de una comida diaria.

• **Pescado**: Hervir 200 g de pescado deshuesado en agua ligeramente salada (1 pizca), mezclar con ¼ de taza de arroz y 1 cucharadita de mantequilla. Si está demasiado seco, enjuáguelo con agua hirviendo.

• **Cordero**: Dorar 100 g de cordero en un poco de aceite todo rosado (si lo quieres "bien": cortar en trozos pequeños de antemano), cocer a fuego lento con un poco de caldo de carne. También se lo puede servir con un poco de puré de patatas.

• **Pechuga de pollo**: freír 1 pechuga de pollo en 1 cucharadita de mantequilla hasta que esté suave, cortar en trozos pequeños y mezclar todo con 1 cucharada de pasta cocida y 1 cucharadita de yema de huevo.

• **Corazones de pollo**: 200 g de corazones de pollo picados y 1 cucharada de hígado picado, ligeramente salteados en mantequilla, 1/4 taza de arroz, sazonado con queso crema.

• **Carne de res**: Mezcle 100 g de carne molida y 100 g de carne en cubos en mantequilla o aceite caliente y reserve; agregue 1-2 zanahorias ralladas y 1 cucharada de espinacas a la mezcla, agregue un poco de caldo y cocine hasta que quede suave, luego mezcle.

Luchar contra la obesidad

Con la domesticación, más y más animales fueron mantenidos en cautiverio y alimentados solo con comida seca. Tener un gato en casa es muy recomendable para prevenir enfermedades, peleas, intoxicaciones y accidentes, pero también está asociado al famoso sedentarismo, por lo que es característico de la vida humana moderna.

Los alimentos secos comerciales nos han brindado una comodidad considerable y, desde que llegaron al mercado en las últimas décadas, también hemos visto una reducción drástica de las enfermedades nutricionales, como las deficiencias de tiamina y taurina. Sin embargo, los alimentos secos tienen un alto contenido de carbohidratos, y dado que los gatos son carnívoros estrictos, el exceso de carbohidratos puede provocar obesidad.

Si un gato vive en libertad, tiene la costumbre de comer una media de siete a veinte comidas al día (ratas, pájaros, ranas y reptiles), por lo que no se lo comen todo de golpe como hacen los perros. Sí, les gusta "romper" la comida fácilmente disponible y distribuir las raciones en el día. Dado que los alimentos envasados son básicamente ricos en carbohidratos, esta es otra causa de la obesidad.

La esterilización, especialmente de los gatos machos, puede conducir a la obesidad, ya que los animales castrados tienden a ser menos activos, menos motivados para salir a caminar y pelear con otros machos por las hembras. Esto no quiere decir que no se deba castrar al gato, al contrario, se debe hacer, pero necesita ejercicio para mantenerlo en forma.

Otro factor muy importante a tener en cuenta es que la obesidad se considera un factor proinflamatorio, es decir que la grasa corporal libera sustancias que provocan inflamación, por lo que los felinos con sobrepeso pueden desarrollar tanto problemas óseos como en sus articulaciones. La mejor forma de empezar una dieta en los gorditos es acudir al veterinario, porque no solo se pueden contrarrestar con raciones light y dietéticas. Por ejemplo, la introducción de una dieta húmeda, amada por muchos gatos, tiene bajos niveles de carbohidratos y mucha agua, lo que es de gran ayuda para la salud del tracto urinario. Además, existen unas raciones con pocos cereales, que también ayudan en la dieta de quienes no aceptan el sobre.

Si alguna vez has consultado a un especialista y te ha recetado una dieta hipocalórica, debes saber que estos cambios deben ser muy lentos para evitar la acumulación de grasa. Evita hacer estos cambios durante situaciones difíciles, como mudarse de casa, traer una nueva mascota a la casa o cualquier cosa que cause estrés al gatito. El alimento viejo debe mezclarse con el nuevo y el primero debe eliminarse gradualmente. Esto previene la anorexia.

En comparación con los humanos, los gatos necesitan ejercicio para perder peso, no solo dietas. Los diferentes tipos de juegos también son adecuados para perder peso y son una de las mejores formas de reducir el estrés. Juega más con tu gato para que pueda perder peso, reducir el estrés, ser menos agresivo e incluso reducir el estrés diario (para ambos).

Gatos y medicación

Casi todo lo que vive se enferma en algún momento de la vida, y las mascotas no son una excepción.

Las píldoras están bien para los humanos, pero si alguna vez has intentado dárselas a un gato, sabes algunos de los problemas que pueden surgir. Los gatos encuentran y extraen los remedios que están mezclados con la comida ¡con gran facilidad! La respuesta simple es triturarlo antes de agregarlas a la comida.

Nota. Los remedios deben agregarse a una pequeña cantidad de comida, la mitad o menos del tamaño de la porción habitual, y tu mascota debe comer esa pequeña cantidad de alimento antes que el resto de la comida. Esto ayuda a garantizar que su gato tenga suficiente hambre para ingerir toda la medicación. Una vez tragado el comprimido, puede darle el resto de la comida.

Capítulo 5
Adiestramiento

El adiestramiento de gatos es una técnica muy diferente al adiestramiento de perros. Los gatos rara vez harán algo solo para complacer a sus dueños, especialmente si no tienen nada más que hacer o simplemente no quieren obedecer las órdenes o demandas.

La base de la educación

La mejor edad para empezar a entrenar a un gato es a los seis meses. Porque es en ese momento cuando a la mascota le resulta más fácil entender la orden. Los antecedentes educativos, junto con la raza, juegan un papel vital en la formación. El estricto cumplimiento de las normas de comportamiento y una relación genuina entre el dueño y la mascota también son una prioridad. Es recomendable comenzar la preparación aclimatando a los gatitos a la rutina establecida en casa, o sea, con las reglas sociales y de convivencia.

Es necesario comprar juguetes para tu mascota, de lo contrario, el gatito jugará con las cosas del dueño y su familia para entretenerse activamente.

Para dormir y descansar, el gatito necesita ocupar su lugar. No debe jugar en camas y sofás donde haya gente.

En la infancia, bajo ninguna circunstancia se debe gritar a los gatitos e incluso golpearlos. Un tono duro y ligeramente elevado es suficiente para hacerles saber que están siendo advertidos. Los animales son muy buenos para distinguir los tonos de la voz humana y recordar lo que no deben hacer.

Desde los primeros meses, el gatito debe saber dónde está el cuenco de comida. No le arrojes comida de la mesa, o saltará sobre ella y se la robará. El gato necesita saber que la caja de arena está en el mismo lugar, y que solo necesita ir allí cuando la necesite.

La psicología de la comunicación es muy importante. Se debe establecer una relación de confianza con los gatos domésticos para que el entrenamiento posterior no cause problemas. Los gatitos merecen más atención, juega con ellos, acarícialos y trata de premiarlos por obedecer órdenes y buen comportamiento.

Conceptos básicos del adiestramiento de gatos

Cuando se trata de métodos de entrenamiento de gatos, existen algunos sistemas que se recomiendan para obtener resultados probados con mayor impacto. El refuerzo positivo y el estímulo desalentador pueden ser la única forma segura de lograr que coopere con las instrucciones de su dueño. Algunos propietarios usan tácticas como rociar a sus mascotas con agua o someterlas a ruidos fuertes para expresar su desaprobación de ciertos rasgos de comportamiento del animal. En algunos casos, estos métodos funcionaron a la perfección, mientras que en otros parecen confundirlo y asustarlo porque realmente no entienden por qué el dueño estaba descontento. La situación es aún más complicada cuando los gatos asocian este comportamiento con el juego, porque para algunos felinos les gusta mucho que los rocíen, por lo que la razón original para introducir tales técnicas no parece funcionar en absoluto.

Otros métodos que se pueden usar para educar a un gato sobre su comportamiento negativo es usar una voz firme y autoritaria para expresar desaprobación cuando se comporta mal. En la mayoría de los casos, esto ha demostrado ser muy efectivo y definitivamente evitará que el gato se porte mal, incluso por un corto período de tiempo. La mayoría de los expertos están de acuerdo en que usar un comportamiento físico negativo, como golpear a un animal, no es bueno y hace que la mascota tema a su dueño. Los golpes físicos también pueden causar cambios de comportamiento en los gatos, lo que eventualmente puede conducir a altos niveles de estrés y a otros patrones de comportamiento inapropiados.

Entender el gato

Los felinos son animales muy sensibles, por lo que sus formas de comunicación no necesariamente adoptan los maullidos vocales reales para hacerse entender por otros gatos. Por lo tanto, existe la necesidad de que los humanos puedan leer estas acciones y comprender los mensajes que el gato está tratando de transmitir.

Quién diría que podrías enseñarle a tu gato todo tipo de trucos mientras lo estimulas y lo entretienes al mismo tiempo; especialmente a los que no se les permite salir al aire libre y que no les gusta aburrirse. El entrenamiento positivo también promueve el vínculo humano-gato.

Pero, ¿cómo se lleva a cabo este entrenamiento y cómo comienza? En general, el entrenamiento de gatos se trata de elogiar el comportamiento deseado e ignorar el desubicado. La consecuencia: debido a que el gato quiere la recompensa nuevamente, mostrará el comportamiento deseado por el entrenador cada vez con más frecuencia. Por ejemplo, supongamos que un gato es recompensado cada vez que se sienta en su rascador. Con el tiempo, se sentará allí cada vez más y se dará cuenta de que vale la pena.

Los gatos deben ser voluntarios. La recompensa no siempre tiene que ser comida. Jugar o acariciar también es un buen refuerzo positivo. Si conoce bien a su gato, puede estimar qué recompensa preferirá en las circunstancias dadas. En términos generales, si desea entrenar a su animal, necesita conocerlo muy bien y a su comportamiento. Nunca lo olvides: el éxito del adiestramiento depende de la cooperación voluntaria del gato.

Los marcadores se utilizan para simplificar la comunicación entre gatos y humanos. Como sugiere el nombre, los marcadores se utilizan para marcar un comportamiento deseado. En definitiva, observamos al gato hasta que se produce el comportamiento deseado, lo marcamos con un clicker (un artilugio muy sencillo que hace un clic metálico), e inmediatamente premiamos al gato.

La mejor manera de comenzar a entrenar es encontrar un lugar tranquilo donde el gato y el entrenador se sientan lo más cómodos posible. El gato debe estar alerta y activo y no debe haber comido demasiado. Por supuesto, los felinos no tienen hambre de entrenamiento, pero ayuda si no están con el estómago lleno. Como beneficio adicional, puede recompensar con golosinas que su mascota disfrutará.

Primero, el gato ahora debe saber que puede "ganar" una recompensa al tomar acciones proactivas. Un ejercicio simple es el "dedo". El gato aprende a tocar el dedo del entrenador con su nariz. Alternativamente, se le puede enseñar a tocar lo que se llama un palo de destino (un palo retráctil con una pelota, disponible en las tiendas de mascotas).

Para indicarle al gato que está siguiendo una secuencia de adiestramiento, lo mejor es sentarlo en una silla o en una superficie elevada. Luego, sostener el dedo o el palo directamente frente a la nariz del animal y hacer clic hacia el dedo en la primera reacción y recompensar al gato con una golosina. Al principio basta con que el gato huela el dedo y no lo toque directamente.

Luego, volver a extender el dedo y hacer clic y recompensar el acercamiento al dedo. Es aconsejable que la sesión de formación sea breve. Una pausa debe activarse después de diez clics como máximo. Si el gato se escapa de antemano, la secuencia de entrenamiento fue demasiado larga. También puede ser que la recompensa elegida no se perciba como una recompensa en ese momento y el gato ya no esté de humor para ello. La hora del día también tiene una gran influencia en cualquier éxito; algunos animales se entrenan mejor por la mañana, otros mejor por la noche. El gato solo lo apreciará si el adiestramiento está bien pensado.

Los gatos necesitan volverse activos ellos mismos

Apégate a este primer paso del entrenamiento hasta que el gato entienda el ejercicio. Si ya no sostienes el dedo/palo frente a la nariz del gato, sino que lo mueves un poco hacia la izquierda o hacia la derecha, hacia arriba o hacia abajo, el entrenamiento se vuelve un poco más difícil. Las personas a menudo se sienten tentadas a ayudarlo con la otra mano mostrándole qué hacer. Sin embargo, es muy importante que el entrenado necesite volverse activo y pensar qué comportamiento vale la pena mostrar. De lo contrario, estás entrenando a un gato pasivo que necesita ayuda. Las tareas deben elegirse de modo que el gato tenga una posibilidad real de éxito. El objetivo es permitirle jugar de forma segura con el dedo/palo en una variedad de posiciones sin moverlo demasiado. Una vez que comprenda este principio de entrenamiento, estará listo para pasar a ejercicios avanzados.

Leer las señales

Es muy importante saber la diferencia entre la naturaleza y los hábitos de un gato. Tratar de entrenarlos para que hagan algo que vaya en contra de su naturaleza no solo los confundirá, sino que hará que tu mascota se resista por completo. Esto puede crear una situación muy incómoda y estresante tanto para el gato como para el dueño. Por lo tanto, es responsabilidad del propietario leer dichos patrones de comportamiento y comprender las diferencias para tomar las medidas adecuadas si es necesario.

Una caja de arena o un orinal son otro buen ejemplo de los instintos naturales de un gato. Les gusta cavar en materiales de textura suelta, especialmente para las áreas de baño, por lo que los gatos usarán cajas de arena para este propósito. Lo mismo ocurre con los gatos que se sienten atraídos por las mantas suaves y muchos calcetines u ovillos de lana porque todos tienen un cierto atractivo para él y parece disfrutar jugando con ellos. Comprender las expresiones vocales del gato también ayudará a los propietarios a determinar qué está tratando de comunicar el animal. Con un poco de observación, el propietario finalmente podrá distinguir bastante bien los diversos tonos utilizados e interpretarlos en consecuencia.

Saber manejar adecuadamente la disciplina

Aquí hay algunos métodos utilizados para entrenar gatos que son efectivos:

• Usar técnicas que solo los gatos pueden reconocer será un buen punto de partida. Es un hecho establecido que la mayoría de los felinos no responderán a menos que les convenga hacerlo, por lo que es necesario encontrar formas de extraer esta respuesta de la manera más eficaz y no violenta. En la mayoría de los casos, el elemento sorpresa parece funcionar bastante bien.

• **Debe entenderse que la mayoría de las estrategias disciplinarias utilizadas deben implementarse cuando el gato se porta mal**. Disciplinar al animal después de la travesura no lo ayudará a comprender que dicho comportamiento es inaceptable. Por lo tanto, sostener algo como una bolsa de frijoles suave al alcance y lanzarla en la dirección del animal sin golpearlo ayudará a que el gato comprenda las objeciones del dueño.

• **Otra táctica popular que se usa para buscar la disciplina adecuada es usar artículos con olor fuerte para disuadirlo de deambular por áreas consideradas ilegales**. La desventaja es que el fuerte olor también puede afectar a otras personas.

• Si el gato prefiere rascar los muebles en lugar de un rascador, es mejor aplicar algo en el área de rascado favorito del gato que intentar que el gato deje de seguir insistiendo con el mueble.

• En general, la idea es poder usar elogios y premios suaves para que el animal entienda la diferencia entre el mal y el comportamiento aceptable.

Entrenamiento con clicker para gatos

Con el adiestramiento con clicker para gatos, no solo puedes educarlos y hacer tu convivencia mucho más fácil, el clicker también es muy divertido. Sin embargo, es importante que tengas en cuenta algunas cosas cuando entrenes a tu mascota.

El entrenamiento con clicker sigue el principio del acondicionamiento clásico. Este término de psicología describe un proceso de aprendizaje en el que una determinada conducta o un impulso externo se vincula con una recompensa. En el transcurso del entrenamiento, tu mascota debe implementar el comportamiento sin el tratamiento posterior.

El principio subyacente es simple: cada vez que tu mascota muestra un comportamiento que tú quieres fomentar, le debes dar una señal acústica y una golosina. Tu gato será recompensado por su comportamiento y aprenderá que hizo algo bien.

Debido a que espera ser recompensado por ello, responderá al impulso en el futuro, como es de suponer. Incluso sin comandos, puedes premiar su comportamiento con un clicker y dar premios; con el tiempo, solo un pitido le dirá cuando algo está bien.

Si tu gato está haciendo algo que no debería en el entrenamiento, déjalo en paz. No hay castigo en este principio, se trata de usar el clicker solo en los de impulsos positivos. Como no usas el clicker en los comportamientos no deseados, él entenderá que no habrá recompensa, por lo que no vale la pena seguir portándose de esa manera.

No subestimes el entrenamiento con clicker, ya que puede ser un desafío según la situación y la personalidad de tu gato. Sin embargo, seguir algunas reglas básicas puede facilitar el entrenamiento para ti y tu gato doméstico.

Requisitos previos: para entrenar con éxito a su tigre mascota, tanto tú como él deben estar relajados, sanos, motivados y dispuestos a aprender. Después de todo, debe ser divertido para ambos, no un ejercicio extenuante u obligatorio. Así que tómate tu tiempo y proporciónale un ambiente relajado, porque esa es la única forma en que el gato disfrutará aprendiendo. Para el entrenamiento, use un clicker, una pequeña campana o algo similar que haga un sonido único. Algunos propietarios silban. Cualquiera que sea la ayuda que elijas, el sonido siempre debe ser el mismo para que tu mascota sepa exactamente lo que se espera de él.

Si tiene varios gatos para entrenar, usa un sonido diferente para cada animal. También hay clickers especiales que producen diferentes sonidos según el punto de presión o la intensidad de la presión.

Golosinas

Son una parte fundamental de la formación, porque es la única forma de apuntalar el proceso de aprendizaje. Por lo tanto, siempre debes tener suficientes y listas. Son la recompensa que obtiene el gato doméstico cuando ha hecho algo bien.

Ya sea que tu felino deba esperar, ser recompensado, que abandone un comportamiento indeseable o aprenda algo como resultado, es importante asegurarse de que siempre sea recompensado en el proceso de aprendizaje. Para mantener tus manos libres, puedes sujetar una bolsa llena de golosinas alrededor de tu estómago o usar una bolsa para el cinturón.

Aprendizaje con clicker

Para que su gato comprenda que el sonido del clicker y la recompensa de recibir un delicioso manjar van de la mano, primero debes dejarle claro la situación. Adquiere el hábito de hacer clic cada vez que le des una golosina. Siempre que suene el clicker, ¡hay algo agradable! Si solo reacciona al sonido del clic, ¡puede empezar a entrenar!

El entrenamiento con clicker se basa en hacer clic cuando su gato muestra un comportamiento que quiere fortalecer. Puede hacer clic primero cuando él hace algo bien y luego darle una golosina. Este sistema de recompensas lo motiva a repetir lo que ha aprendido en el futuro.

Este sistema de recompensas le motivará a repetir lo aprendido en el futuro. Debes ignorar el mal comportamiento. Es muy importante no castigar al gato; de lo contrario, tu tigre perderá las ganas de aprender. Además, tu animal estará asociando el clicker con una experiencia negativa y tomando una posición defensiva porque el sonido del clic significa algo negativo. Nunca olvides que el aprendizaje debe ser divertido para ambos: el castigo no tiene cabida aquí.

Es importante que el entrenamiento y los ejercicios sean lo más claros y simples posibles. Tu gato siempre debe saber exactamente lo que quieres de él. Si deseas que haga una tarea relativamente compleja, no le pidas que la haga toda de una vez. Divide la tarea en pasos pequeños y fáciles y acérquense gradualmente a la meta.

No te desanimes si lleva más tiempo, recuerda que es un proceso de aprendizaje. Se necesita tiempo, e incluso un día en que no funciona en absoluto es normal.

No dejes que eso te desanime. Tómate un respiro y mima a tu mascota o déjala descansar unos días. Así que siempre asegúrate de que tu gato esté motivado y que el entorno proporcione un buen ambiente de aprendizaje: pocas distracciones y sonidos molestos.

Una vez que tu gato comprenda que siempre hay un regalo cuando suena la campana, puedes comenzar a reforzar su comportamiento. Por ejemplo, muchos criadores quieren que sus tigres domésticos se acostumbren a entrar a una caja para su transporte. Entonces, cuando presta atención a la caja, primero debes alentarlo y recompensarlo. Primero toca el dispositivo y dale una golosina cuando la mire. Después de eso, los clics se vuelven cada vez menos: para ganar una recompensa, ¡ya no es suficiente que la mire! Haz clic cuando tu gato se acerque a la caja, la olfatee, o incluso cuando entre en la caja. ¡No te olvides de los dulces! Tu pequeño aprenderá tan rápido que definitivamente vale la pena dejarlo solo en la jaula sin quejarse.

Por otro lado, si deseas corregir el mal comportamiento, es posible que necesites un poco más de paciencia. Por ejemplo, si quieres que deje de rayar el sofá, siempre puedes hacer clic y ofrecer un regalo cuando vaya al poste rascador para afilar sus garras. Así es como aprenderá que vale la pena ir al poste rascador y no moler sus garras en el sofá u otros muebles.

¿Con qué frecuencia se entrena con clickers?

Hazle hacer ejercicios regularmente, pero ten cuidado de no exigirlo. El aprendizaje debe ser divertido para ambos. Así que asegúrate de jugar con él mientras aún lo disfrutas y antes de que él pierda interés. De esta manera, puedes estar seguro de que está motivado y listo para seguir al siguiente paso. Después de 1 o 2 minutos, debes tomar un descanso para que tu gato no se sienta abrumado.

¿Qué edad es adecuada para entrenar?

En principio, los clickers se pueden utilizar para adiestrar gatos de todas las edades. Incluso en sus últimos años, los tigres domesticados están ansiosos por aprender y listos para asumir desafíos. Pero es posible que tenga algunos problemas para comenzar a aprender nuevos comportamientos o dejar de lado los viejos. Así que es posible que necesites un poco más de paciencia aquí. Lo mismo ocurre con los gatos muy jóvenes: suelen ser muy juguetones e interesados en todo, por lo que los clickers son una auténtica prueba de paciencia. Por supuesto, también depende de tu gato. ¡Solo inténtalo!

Trucos para enseñarle:

Los trucos que los gatos pueden aprender incluyen, por ejemplo, dar patas, chocar los cinco, contestar una llamada, hacer una voltereta o un maniquí, girar alrededor del eje, saltar un obstáculo o atravesar un aro, o recuperar elementos.

Con trucos complejos tienes que acercarte gradualmente al comportamiento deseado. Para hacer esto, divide la meta en sub pasos.

Debido a que su gato quiere ser recompensado aún más, continuará probándolo y superando cada nivel, será creativo o desarrollará lo que ya ha aprendido. Así que estate atento a lo que está haciendo tu amado y recompensa cualquier comportamiento que sea similar al deseado resultado final.

Con el tiempo, puedes enseñarle numerosos trucos. Tiene sentido usar una palabra de código específica para cada truco, de modo que pueda guardar el clicker con el tiempo.

1) Asiento y espacio

Si quieres que tu gato se siente obedientemente, siempre debes hacer clic cuando se sienta o se acuesta solo. Puedes usarlo con el comando de palabra correspondiente. Si deseas enseñar activamente a tu tigre mascota cómo comportarse, puedes guiarlo con la comida que tienes a mano y alimentarlo después de que se siente. ¡No olvides hacer clic!

2) Cinco altos

Si quieres que tu gato te dé saludos con la pata, necesitas un ambiente tranquilo y toda su atención, como cualquier otro entrenamiento.

Siéntate o ponte en cuclillas al lado o frente de él. Coloca tu mano extendida frente a él o al alcance de sus patas. Cuando levante la pata del suelo, haz clic y dale una recompensa. Repite el proceso con cada movimiento de la mano hasta que el movimiento se vuelva automático.

Después del primer paso, cuando la pata del gato toque tu mano, agrega el comando verbal "choca los cinco". Después de la sesión, puedes comenzar a decir "choca" antes del comportamiento.

Recuerde que el gato debe demostrar el comportamiento antes de que comiences a usar señales verbales.

Si el gato usa las garras durante este comportamiento, deja la mano en el lugar y espera a que las retraiga.

Si el gato está demasiado distraído, comienza a trabajar con él en un área (p. ej., una habitación) que utilices como lugar preferido para pasar el tiempo.

Es posible que el comportamiento ocurra muy rápidamente, de modo que debes asegurarte de prestar mucha atención a la posición corporal del gato.

3)   El palo del destino

El bastón de destino es una ayuda para el entrenamiento. Puede utilizar un puntero, una cuchara de madera, una regla o algo similar. El objetivo es que él siga el palo.

Entonces enséñale que el palo indica la dirección: haga clic al principio si su gato está interesado en la ayuda, y dele un premio. Luego amplía los pasos hasta la siguiente recompensa. Tu gato debe acercarse al palo, tocarlo y finalmente seguirlo cuando lo guíes.

4)   Rebotar

Coloca al animal en una silla. Ubicar otra al lado con un trozo de comida.
Cuando el gato da un salto, es necesario pronunciar un decreto breve y lacónico, por ejemplo, "Arriba". Después de aterrizar, no olvides alabar al tramposo.

5)   Saltar en la canasta

Similar al anterior, pero esta vez te paras entre dos sillas, extiendes los brazos, tomas las manos y sacas los codos para crear un agarre. A la orden, el gato recordará la comida en la otra silla, independientemente de tu presencia, y cuando salte, pasará a través del aro. También puedes usar un anillo de plástico como el que se usa para envolver alrededor de la cintura y hacerlos girar como lo verías en el circo.

Resumiendo

•   Utiliza refuerzos positivos: recompensa a tu gato con golosinas o juegos cuando realiza un comportamiento deseado por ti.

•   Sé paciente: los gatos tienen un ritmo de aprendizaje más lento que los perros, por lo que debes ser paciente y darle tiempo para que aprenda.

•   Haz sesiones de entrenamiento cortas: los gatos pueden perder interés rápidamente, por lo que es mejor que duren pocos minutos, pero que sean frecuentes.

•   Usa el clicker training: el clicker training es una técnica efectiva para enseñarle trucos a las mascotas. El sonido del clicker se asocia con la recompensa y puede ayudar a que el minino entienda qué comportamiento estás recompensando.

• Haz que el entrenamiento sea divertido: los gatos son más propensos a aprender si el entrenamiento es divertido y motivador para ellos.

• No te rindas: recuerda ser paciente y no te malhumores, con tiempo y dedicación, tu gato puede aprender muchos trucos.

• Elegir el truco adecuado: elige trucos que sean apropiados para el tamaño y la personalidad de tu gato. Por ejemplo, si tu gato es pequeño, es posible que no pueda saltar desde una gran altura.

• Prepara tus recompensas: ten a mano golosinas o juguetes que tu felino adore para recompensarlo cuando el comportamiento deseado se realice.

• Establece una señal de recompensa: utiliza un clicker o una palabra clave para señalar a tu gato cuándo ha realizado el truco correctamente y debe recibir su premio.

• Enseñar el truco: comienza con un comportamiento simple y haz que tu gato lo repita varias veces antes de premiarlo. Luego, agrega más pasos hasta que el truco esté completo. Por ejemplo, si estás enseñándole a saludar, puedes comenzar recompensando cada vez que toque tu mano con la pata, luego recompensar cuando levante la pata y finalmente recompensar cuando la mantenga levantada por un momento.

• Mantén la motivación: haz que el entrenamiento sea divertido y motivador variando las recompensas y los trucos.

•   Práctica, práctica, práctica: repite el proceso de entrenamiento con frecuencia hasta que tu gato realice el truco sin ayuda.

•   Recuerda ser paciente y no forzar a tu gato a hacer nada que le cause estrés o incomodidad. Con tiempo y dedicación, tu gato puede aprender muchos trucos divertidos y sorprendentes.

Consecuencias de no educar a un gato

Los gatos sin entrenamiento pueden representar una gran amenaza para sus dueños y a quienes los rodean. Tampoco se suelen escatimar en las pertenencias del dueño, porque un gato sin adiestrar no tiene límites y reaccionará según lo que vea y sienta.

El robo de cosas por parte de los gatos también es otra queja muy común entre los propietarios que no parecen ver los beneficios del adiestramiento. Los gatos son curiosos y exploradores por naturaleza, por lo que si encuentran un objeto que les interese, encontrarán formas de reclamarlo, de ahí su instinto de esconderse.

Mantener a raya a un felino doméstico a veces puede ser una tarea muy difícil. Pero es posible, solo requiere esfuerzo tanto de la mascota como del dueño. Como se mencionó anteriormente, hay muchas herramientas disponibles durante la capacitación para simplificar el proceso. Si las utilizas correctamente y le sumas los trucos que acaba de aprender, junto a tu mascota

podrán compartir el hogar con un mínimo de molestias
y mucho amor. ¡buena suerte!

######